OLHARES E INTERFACES

Conselho Editorial de Educação:

José Cerchi Fusari
Marcos Antonio Lorieri
Marcos Cezar de Freitas
Marli André
Pedro Goergen
Terezinha Azerêdo Rios
Valdemar Sguissardi
Vitor Henrique Paro

Dados Internacionais de Catalogação na Publicação (CIP)
(Câmara Brasileira do Livro, SP, Brasil)

Olhares e interfaces : reflexões críticas sobre a avaliação / Maria Teresa
Esteban, Almerindo Janela Afonso, (orgs.). – São Paulo : Cortez, 2010.

Vários autores
ISBN 978-85-249-1623-6

1. Avaliação educacional 2. Avaliação educacional – Aspectos sociais
I. Esteban, Maria Teresa Esteban. II. Afonso, Almerindo Janela.

10-06286   CDD-370.13

Índices para catálogo sistemático:
1. Avaliação educacional : Educação   370.13

Maria Teresa Esteban
Almerindo Janela Afonso
(Orgs.)

OLHARES E INTERFACES

*reflexões críticas
sobre a avaliação*

1ª edição
1ª reimpressão

OLHARES E INTERFACES: reflexões críticas sobre a avaliação
Maria Teresa Esteban e Almerindo Janela Afonso

Capa: aeroestúdio
Preparação de originais: Ana Maria Barbosa
Revisão: Ana Paula Ribeiro
Composição: Linea Editora Ltda.
Coordenação editorial: Danilo A. Q. Morales

Nenhuma parte desta obra pode ser reproduzida ou duplicada sem autorização expressa dos autores e do editor.

© 2010 by Autores

Direitos para esta edição
CORTEZ EDITORA
Rua Monte Alegre, 1074 – Perdizes
05014-001 – São Paulo – SP
Tel.: (11) 3864-0111 Fax: (11) 3864-4290
E-mail: cortez@cortezeditora.com.br
www.cortezeditora.com.br

Impresso na Índia – fevereiro de 2014

Ao José Paulo Serralheiro.

Foi no seu labor empenhado de nos juntar (a tantos e de tantos lados) para repensarmos a educação numa perspectiva crítica e emancipatória que acabamos leitores e colaboradores assíduos do jornal *A Página da Educação*. Através deste espaço e deste projeto (construído também de muitas pontes e aleios entre Portugal e o Brasil) muitos, como nós, iniciaram uma trajetória de aproximação e de colaboração acadêmica, de que este livro é uma expressão singular.

Sumário

Introdução — Avaliação: reconfigurações e sentidos na construção de um campo
Maria Teresa Esteban e Almerindo Janela Afonso 9

1 Acerca da articulação de perspectivas e da construção teórica em avaliação educacional
Domingos Fernandes 15

2 *Diferença*, aprendizagens e avaliação: perspectiva pós-colonial e escolarização
Maria Teresa Esteban 45

3 Relações de aprendizagem (e ensino) na escola de Ensino Fundamental: (in)temporalidades da participação na avaliação pedagógica
Carmen Sanches Sampaio 71

4 Saberes e práticas cotidianos: pode a formação de professores dispensar a avaliação?
Carlos Eduardo Ferraço 96

5 Notas, pautas e vozes na escola: exames, *ranking* e regulação da educação
Fátima Antunes e Virgínio Sá 112

6 Um olhar sociológico em torno da *accountability* em educação
Almerindo Janela Afonso 147

Introdução

Avaliação: reconfigurações e sentidos na construção de um campo

Maria Teresa Esteban
Almerindo Janela Afonso

O campo da avaliação, desde sua constituição, está em permanente mutação, embora nas últimas décadas venha sendo particularmente desafiado, nos âmbitos teórico-metodológicos e práticos, por acontecimentos e mudanças globais, nacionais e locais. A redefinição de soberanias e a reafirmação coletiva de identidades culturais, étnicas, linguísticas, religiosas, entre outras, convivem em tensão com a fragmentação de projetos, biografias e percursos, muitas vezes em contextos instáveis em termos políticos e sociais. As políticas de *redistribuição* e de *reconhecimento* tornam-se ainda mais urgentes num contexto socioeconômico adverso, agravado mais recentemente pela crise financeira e pela precarização acelerada do emprego e dos direitos, levando à ampliação dos sentimentos de insegurança, de incerteza e de instabilidade. Amplificam-se as demandas sociais por educação e intensificam-se as tensões projetadas pelo confronto entre a promessa de universalização do direito à educação e a realização de processos excludentes que impedem o acesso de muitos aos conhecimentos socialmente valorizados.

A ciência e a técnica, como fontes de legitimidade das decisões políticas, reatualizam-se como ideologia e induzem continuidades nas crenças relativas às soluções racionalizadoras, tecnocráticas e neoburocráticas. As *epistemologias do Norte* resistem e instabilizam-se, ainda que continuem a permanecer, explícita ou implicitamente, visões eurocêntricas e neocoloniais, cada vez mais postas em causa pela emergência das *epistemologias do Sul* e pelo aumento da consciência crítica em torno dos processos plurais de construção legítima dos conhecimentos e da afirmação das teias de *reciprocidade, tradução* e *equivalência* à escala global. O pensamento racional (e racionalizador), estruturado em torno de polarizações rígidas e pouco permeáveis a intermediações (sujeito/objeto, qualitativo/quantitaivo, masculino/feminino, Estado/mercado; formativo/sumativo; qualitativo/quantitativo, objetivo/subjetivo...), tornou-se cada vez mais fluido, *ambivalente* e *híbrido*, traduzindo a erosão das dicotomias e abrindo possiblidades e um novo potencial hermenêutico.

Nesta fluidez e ambivalência inscrevem-se igualmente muitos dos discursos da avaliação educacional que falam de qualidade, inclusão, exclusão, seleção, mérito, alteridade, aprendizagem, justiça... São palavras polissêmicas, escritas pela pluralidade de projetos e processos socioculturais, nos quais as dicotomias não são mais do que traduções simplificadoras da complexidade que se procura invisibilizar e das diferentes possibilidades que se pretende silenciar. Nesse contexto, somos desafiados cotidianamente a reconstruir e ressignificar nossas formulações e práticas para dar maior nitidez à face democrática da escola, às suas possibilidades emancipatórias, potencializando o diálogo entre os diferentes, com suas diferenças. Por referência a estas mudanças, as interrogações sobre a complexidade das formas e práticas de avaliação e as suas necessárias intermediações podem ser colocadas.

Este processo é refletido no primeiro capítulo deste livro, onde Domingos Fernandes revisita avanços reais e debates em curso no campo da avaliação, dialoga com *abordagens* e perspectivas diferenciadas (que designa de objetivistas e subjetivistas), ressalta a integração e a complementariedade da teoria c da prática na produção de conhecimento, e defende a importância da participação dos sujeitos nos processos de avaliação. Ao

OLHARES E INTERFACES

discutir a relação entre a teoria e a prática, sublinha a utilidade da teoria, sem reduzi-la a um olhar pragmático, e a impossibilidade de se subtrair a dimensão reflexiva da prática, como prática social, sob pena de limitá-la a uma *versão incompleta da teoria*. O autor alerta para a necessidade de uma leitura crítica das formulações existentes, que muitas vezes pretendem *domesticar* a própria reflexão dos sujeitos nos processo de que participam.

A crítica aos procedimentos neopositivistas de avaliação é acompanhada por reflexões sobre possibilidades de produção de alternativas no campo da avaliação, recorrendo às *epistemologias do Sul*, como está presente, neste livro, no texto de Teresa Esteban. Tomando em consideração contribuições que se inscrevem numa leitura pós-colonial da dinâmica social de produção, validação e distribuição do conhecimento, a autora discute práticas pedagógicas e de avaliação que, sob a promessa, mais ou menos explícita, de emancipação e de igualdade, amplificam e confirmam a dinâmica de subalternização (neocolonial e eurocêntrica), sobretudo dos sujeitos das classes populares. Indo além de uma simples linguagem da denúncia, busca ainda, nesse enquadramento político, epistemológico e pedagógico, possibilidades de diálogo com as práticas escolares cotidianas que explicitem movimentos de transformação, muitas vezes sutis, invisibilizados e marginalizados, em que se rearticulem outros sentidos do processo de avaliação.

Aprofundando a discussão sobre o cotidiano escolar e assumindo a ruptura com o caráter classificatório da avaliação e com crenças, representações e estereótipos a ela associados, o capítulo escrito por Carmen Sanches traz a experiência vivida em sala de aula por professoras e crianças das séries iniciais que se desafiam a produzir coletivamente práticas mais reflexivas e dialógicas. A autora dá visibilidade a "ações docentes que investem, cotidianamente, em uma escola como *espaço-tempo* privilegiado de aprendizagens, uma escola mais acolhedora, solidária e mais justa". O texto não fala sobre a escola, mas fala com a escola. Por meio dos pequenos atos escolares cotidianos, expressa as atuações docentes e as vozes infantis que se entrelaçam produzindo coletivamente desafios e possibilidades de superá-los. Nesse contexto, enfatiza a diferença de caminhos, aprendizados, (des)conhecimentos, buscando uma validação intersubjetiva dos processos vividos e que são explicitados e interpretados por processos compartilhados em propostas peculiares e criativas de auto e heteroavaliação. O texto não busca soluções simplificadoras para os problemas encontrados: pelo contrário, assume a complexidade do cotidiano escolar, que abriga tensões e conflitos próprios do trabalho pedagógico com as crianças, mas que, apesar disso, contém também o *inédito viável*.

Também do mergulho no cotidiano escolar emergem as questões desenvolvidas por Carlos Eduardo Ferraço, no capítulo integrado neste livro. O autor problematiza a formação docente e a avaliação, tratando-as como relações recíprocas que configuram o *"complexus* da educação" e que, quando pensadas na tessitura e densidade dos cotidianos escolares, permitem "desconstruir o sentido de avaliação como campo discursivo autônomo", enfatizando a prática de avaliação como rede. As práticas cotidianas estão atravessadas por movimentos por meio dos quais os sujeitos escolares produzem modos singulares de *experimentar-problematizar a educação*, e nessa dinâmica se inscrevem práticas de avaliação, mesmo quando não são percebidas como tal. As narrativas dos sujeitos escolares mostram-se significativas para a compreensão das relações cotidianas e para problematizar o lugar da avaliação e os processos de produção e de interpretação de seus resultados. As respostas dos estudantes são especialmente relevantes para a reflexão sobre as conexões entre avaliação e formação docente, suas traduções e negociações potencializam a produção de novos sentidos para os processos em que os saberes e fazeres escolares se entretecem.

Remetendo mais especificamente para fatores que traduzem uma alteração nos processos de regulação da educação, Fátima Antunes e Virgínio Sá desenvolvem uma análise teórica e empiricamente sustentada em torno da recepção de *rankings* de escolas, baseados em resultados de estudantes portugueses em exames nacionais, em que procuram elucidar sociologicamente o que designam de deslocação de uma "regulação por meio de *inputs*" para uma "regulação assente em determinadas realizações (*outputs*) do sistema". Os autores problematizam os percursos e critérios de produção dos exames e de legitimação de seus resultados e, considerando também os discursos dos sujeitos escolares, questionam o papel que os exames assumem na conformação de um reduzido e redutor *modelo de aluno ideal*, das práticas escolares, bem como da profissão e das identidades docentes. Neste mesmo estudo, sublinham ainda "as dimensões regulatórias e de controle social do exame nacional" e a importância das "lutas culturais concorrenciais em torno da educação" que podem ser mais facilmente percepcionadas pela discussão dos *rankings* escolares.

Por último, o texto de Almerindo Afonso procura discutir outros sentidos possíveis para a problemática da *accountability* em educação. Sendo muitas vezes conotada com perspectivas neoconservadoras e/ou neoliberais, a *accountability* não pode ficar enclausurada ou agrilhoada nesses discursos ideológicos. Enquanto articulação consistente de processos de avaliação, prestação de contas e responsabilização, a *accountability* pode e deve, na perspectiva do autor, ser impulsionada por valores de cidadania, participação, *empowerment*, transparência, argumentação e comunicação intersubjetiva e crítica, de forma a tornar a educação mais democrática e mais justa.

Este conjunto de textos, em sua diferença, tem em comum a preocupação com a transformação dos sentidos excludentes que vêm marcando a escolarização e com as tensões que constituem o projeto de sua efetiva democratização. Nesse contexto de confrontos, negociações, conquistas e retrocessos, os autores que compartilham este trabalho veem a avaliação como especialmente significativa, entendendo ser fundamental: a reconfiguração do campo da avaliação; a crítica aos procedimentos positivistas que esbatem a complexidade dos processos sociais, culturais e educacionais; a recuperação do valor da subjetividade e a busca de novos sentidos para as políticas e as práticas avaliativas. Para realizar esse intento, os autores convocam outros quadros teóricos e pensam alternativas, procurando fugir das fronteiras rígidas que tradicionalmente circunscrevem os debates sobre avaliação. Os textos convidam ao diálogo, ao confronto, à leitura dos silêncios e ao silêncio para produzir outras possibilidades de leituras. O livro pretende compartilhar experiências e se enredar nas teias que compõem novos sentidos para a Educação.

A finalizar, mais uma referência, nesta teia de laços e experiências, a uma pessoa especial, Regina Leite Garcia, que se faz presente em vários momentos no trabalho de muitos de nós: sugerindo percursos, (des)construindo saberes e experiências e apresentando desafios, articulando a *açãoreflexãoação* ao processo de (re)criação de hermenêuticas em tempos e espaços diversos — talvez *entre-lugares* — onde é preciso, afinal, tecer novos significados para outros *olhares e interfaces*.

Braga, Niterói
Início da primavera e início do outono de 2009

1

Acerca da articulação de perspectivas e da construção teórica em avaliação educacional

Domingos Fernandes

Introdução

A avaliação é uma prática social que pode contribuir para caracterizar, compreender, divulgar e ajudar a resolver uma grande variedade de problemas que afetam as sociedades contemporâneas tais como o pleno acesso à educação, a prestação de cuidados de saúde, a distribuição de recursos e a pobreza. Trata-se de um domínio científico que tem vindo a consolidar-se e a afirmar-se de forma inquestionável e que interessa aos mais variados setores da sociedade (*e.g.*, acadêmicos, políticos, decisores e utilizadores dos serviços públicos).

Uma das finalidades deste capítulo é discutir e perspectivar o desenvolvimento da avaliação em educação a partir da análise de abordagens, perspectivas e teorias referidas na literatura e da reflexão sobre estudos que comecei a realizar neste âmbito cerca de vinte anos atrás (*e.g.*, Instituto de Inovação Educacional (IIE), 1991a, 1991b, 1993a, 1993b; Fernandes,

1992, 1994; Fernandes, Assunção, Faria, Gil e Mesquita, 1994; Fernandes, Ó e Ferreira, 2007). Como investigador e avaliador tenho interesse em desenvolver práticas de avaliação em educação cada vez mais refletidas e fundamentadas, capazes de gerar afirmações avaliativas mais elaboradas, mais credíveis e mais úteis. Julgo que o mesmo acontece com todos os que *fazem* avaliação. Por isso, a ideia central do presente trabalho tem a ver com a necessidade de *discernir* abordagens, perspectivas e teorias de avaliação no sentido de as poder articular, enriquecendo assim as práticas e os resultados das avaliações. Trata-se de uma ideia que, por princípio, reconhece a relevância da teoria, mas que reconhece igualmente a relevância das práticas e das experiências pessoais das pessoas que participam nos processos avaliativos. Assim, teorias, práticas e experiências pessoais são analisadas e discutidas neste artigo porque a sua conceptualização parece ser indispensável para consolidar a disciplina de avaliação.

Como prática social a avaliação não pode contornar questões sociais, políticas e éticas, assim como questões relativas aos potenciais utilizadores, à sua utilização e à participação dos intervenientes (*e.g.*, as questões de *voz*, dos significados, das práticas). Isto significa que a avaliação tem que se orientar por princípios que lhe confiram rigor, utilidade, significado e relevância social. Formular juízos acerca do valor e do mérito de um dado ente tem que resultar de um complexo, difícil, rigoroso e diversificado processo de recolha de informação e não de meras opiniões impressionistas, convicções ou percepções, que poderão ser necessárias e até bem vindas, mas que, em si mesmas, serão sempre insuficientes. E isto vale para a avaliação das aprendizagens de um aluno, para a avaliação da organização e funcionamento pedagógico de uma escola, para a avaliação do desempenho profissional de um docente ou para a avaliação de um dado programa de educação e de formação numa comunidade.

Este artigo foi pensado e escrito tendo em conta a necessidade de prosseguir o desenvolvimento da avaliação como *disciplina científica*. Ou seja, uma disciplina com a sua lógica e metodologias próprias, com o seu núcleo de *matérias* e de conceitos fundadores e, por isso mesmo, capaz de produzir afirmações avaliativas rigorosas, consistentes, válidas e com real utilidade e significado para as pessoas e para a sociedade em geral. Reconhece-se que poderá haver leitores que relacionarão mais imediatamente o conteúdo do presente trabalho com a avaliação de programas, de projetos ou mesmo de políticas, mas a verdade é que aquelas afirmações são válidas para todas as áreas práticas da avaliação (*e.g.*, avaliação das aprendizagens, avaliação de escolas, avaliação do desempenho de professores).

O artigo está organizado em quatro seções principais: a) "Discernimento pragmático e construção teórica em avaliação", em que se apresentam e discutem alguns fundamentos que estão na base das principais abordagens de avaliação e se perspectivam possibilidades de integração que facilitem o discernimento e a clarificação; b) "A ênfase no papel da teoria", em que é feita uma discussão tendo em vista a caracterização de uma perspectiva que agrega e integra um significativo espectro de abordagens de avaliação; c) "A ênfase nas práticas e na experiência vivida", em que, de igual modo, se procura caracterizar uma perspectiva de avaliação que engloba uma variedade de abordagens; e d) "Conclusões e reflexões finais", em que, com base numa síntese dos elementos essenciais da discussão desenvolvida ao longo do trabalho, se produzem reflexões de natureza teórica e prática.

Discernimento Pragmático e Construção Teórica em Avaliação

A construção teórica no domínio da avaliação tem sido conseguida ao longo do tempo com base no desenvolvimento de abordagens que, no essencial, apresentam um conjunto de *elementos* que, supostamente, toda a boa avaliação deverá integrar. Normalmente referem se elementos tais como: a) os principais propósitos da avaliação; b) a perspectiva metodológica adotada e os procedimentos e técnicas que devem ser privilegiados; c) o papel do avaliador ou dos avaliadores; d) o papel e o grau de participação de todos aqueles que, de algum modo, possam estar interessados nos resultados da avaliação (os chamados *stakeholders*); e) a definição da audiência ou das audiências a privilegiar; e f) a natureza e divulgação do relatório de avaliação. A apresentação e discussão destes e de outros *elementos* acabam por ser feitas de molde a proporcionar o *modus faciendi* de uma dada avaliação, conferindo assim uma natureza prescritiva à grande diversidade de abordagens existente na literatura.

Uma das preocupações da discussão que se segue é a de procurar contribuir para o desenvolvimento da ideia de que o *discernimento pragmático* pode ser um caminho a explorar tendo em conta um certo *caos* teórico que se vive no domínio da avaliação e uma certa tendência, que inevitavelmente vai persistindo, para a subordinação dos avaliadores às clássicas ortodoxias ontológicas, epistemológicas e metodológicas. Por *discernimento pragmático* eu quero muito simplesmente referir-me ao processo de distinguir, de separar, diferentes abordagens avaliativas para, precisamente, as poder reagrupar e integrar e para as poder utilizar adequadamente quando a avaliação está no terreno; isto é, quando a avaliação está situada num contexto em que se evidenciam as mais variadas práticas sociais, concepções, interesses, valores ou políticas por parte dos diversos intervenientes. A ideia do *discernimento pragmático* em avaliação não é, naturalmente, alheia à perspectiva que defendo, de que toda a ação avaliativa tem que ser útil e tem que contribuir para ajudar a resolver problemas e, consequentemente, para criar bem-estar nas pessoas, nas instituições e na sociedade em geral. Ora, isto exige a utilização da imaginação, da criatividade, da integridade, do saber e da experiência dos avaliadores para que, através da avaliação, possam agir ativa e responsavelmente sobre as *coisas*. Mas exige também tomadas de posição mais elaboradas, mais sofisticadas e mais sustentadas nos *recursos* teóricos e práticos disponíveis.

Mas passemos então a analisar algumas características marcantes de abordagens de avaliação discutidas na literatura tendo em vista o referido, e necessário, discernimento. Porém, antes de prosseguir, devo referir que decidi adotar a designação *abordagem de avaliação* em vez de *modelo de avaliação* porque muitas abordagens parecem mais um conjunto de argumentos de persuasão do que construções teóricas sólidas que lhe confiram o estatuto de *modelo*. Existem *escolas de pensamento* ou *perspectivas teóricas* que, em geral, se podem considerar ainda vagas e genéricas, e que propõem de forma mais ou menos lógica um conjunto de procedimentos a seguir quando se *faz* avaliação. (Reconheço que esta é uma questão que mereceria uma elaboração mais profunda, mas não é este o contexto para a fazer adequadamente.)

A análise das múltiplas abordagens e das diferentes definições e concepções de avaliação constitui um meio indispensável para se compreender o desenvolvimento e a construção teórica no domínio da avaliação em educação. Apesar disso, não se irão aqui fazer descrições, análises ou sínteses de abordagens de avaliação porque já existem na literatura (*e.g.*, Alkin, 2004; Alkin e Christie, 2004; Fernandes, 1992, 1994, 2005; Guba e Lincoln, 1989; Madaus e Kellaghan, 2000; Scriven, 2000, 2003a; Shadish, Cook e Leviton, 1991; Stufflebeam, 2000; Stufflebeam e Shinkfield, 2007; Vianna, 2000; Worthen e Sanders, 1987). Optou-se por discernir semelhanças e diferenças entre abordagens descritas na literatura, referindo algumas das sistematizações propostas.

A discussão de abordagens de avaliação feitas por autores norte-americanos está muitas vezes associada a bosquejos históricos iniciados a partir das primeiras décadas do século XX (*e.g.*, Guba e Lincoln, 1989; Madaus e Stufflebeam, 2000). São trabalhos em que se identificam *idades* ou *gerações* de avaliação, associadas a períodos de tempo mais ou menos definidos, caracterizando os seus aspectos distintivos. Porém, outros autores, como o francês Gérard Figari, consideram que a perspectiva cronológica, ou a identificação de fases distintas na história da avaliação, não fará sentido porque diferentes concepções de avaliação sempre coexistiram ao longo do tempo. Para aquele autor fará mais sentido analisar o desenvolvimento da avaliação no contexto das ciências humanas e sociais cuja dispersão nos ajuda a compreender as dificuldades de fundamentação da avaliação que ainda vão persistindo (Figari, 2007).

As diferentes abordagens de avaliação apoiam-se em pressupostos políticos e filosóficos muito diversificados. Os sistemas de concepções e de valores dos seus autores influenciam o seu desenvolvimento teórico e a sua utilização prática. Mas as abordagens também têm acompanhado a evolução das ciências sociais e das ciências da educação em particular, no que se refere às bases epistemológicas, ontológicas e metodológicas em que apoiam a sua concepção e desenvolvimento. Desta forma temos abordagens inspiradas em pressupostos próprios de racionalidades mais técnicas ou, se quisermos, empírico-racionalistas, e perspectivas mais próximas do que poderemos designar como racionalidades interpretativas, críticas ou sociocríticas.

No primeiro caso procura-se *a verdade* através de uma avaliação tão objetiva quanto possível, em que os avaliadores assumem uma posição supostamente neutra e distanciada em relação aos objetos de avaliação. As metodologias utilizadas são essencialmente de natureza quantitativa (*e.g.,* testes, questionários, grelhas de observação quantificáveis) e, em geral, há pouca ou mesmo nenhuma participação de todos os que, de algum modo, estão interessados no processo de avaliação ou que podem ser afetados por ele. A "Avaliação baseada em objectivos", conceptualizada por Ralph Tyler nos anos 30 do século passado e mais tarde utilizada e desenvolvida por outros investigadores (*e.g.,* Popham, 1969; Provus, 1971); a "Avaliação baseada em estudos experimentais", utilizada, entre muitos outros, por Cronbach e Snow (1969) e a "Avaliação baseada no valor acrescentado" conceptualizada por Sanders e Horn (1994) enquadram-se bem neste primeiro caso.

No segundo caso a avaliação é assumidamente subjetiva, os avaliadores estão conscientes de que dificilmente deixarão de influenciar e de ser influenciados pelas circunstâncias que envolvem o ente a avaliar, as metodologias utilizadas são sobretudo de natureza qualitativa (*e.g.,* estudos de caso, etnografias, observação participante) e o envolvimento ativo das pessoas no processo de avaliação é, em regra, uma constante. Exemplos deste tipo de avaliação são as abordagens assumidamente comprometidas com determinadas agendas sociais e mesmo políticas, defensoras de alterações que garantam que todos os setores da sociedade tenham igual acesso a oportunidades nos domínios da educação, da saúde e dos serviços sociais em geral. A "Avaliação democrática e deliberativa", de House e Howe (2003), a "Avaliação receptiva", de Stake (2003), também conhecida como "Avaliação centrada nos clientes", "Avaliação responsiva" ou "Avaliação respondente", a "Avaliação construtivista", de Guba e Lincoln (1989) e a "Avaliação focada nos utilizadores e na utilização", de Patton (2003), são exemplos de abordagens que se enquadram no segundo caso.

Dir-se-ia que *entre* aquelas duas *grandes* perspectivas de avaliação há uma diversidade de abordagens que vão desde a "Avaliação orientada para os consumidores", de Scriven (2000) e a "Avaliação orientada para a prestação de contas e para a decisão", em que se inclui o conhecido modelo CIPP (*context, input, processs, product*) de Daniel Stufflebeam (Stufflebeam, 2003), até à "Avaliação baseada em estudos de caso", em que se destacam os trabalhos de Stake (1995) e Yin (1992).

O processo de desenvolvimento das abordagens formais tem permitido, entre outros aspectos, identificar os seus propósitos, as suas epistemologias, os seus métodos preferenciais e os papéis dos avaliadores e dos diferentes intervenientes. Deste modo se tem construído a teoria em avaliação. Mas também é claro que a construção teórica decorre das práticas de avaliação propriamente ditas; isto é, das interações dos avaliadores com as realidades sociais e das análises, reflexões e interpretações que fazem a partir delas. A natureza e a complexidade dos objetos a avaliar (*e.g.*, aprendizagens, programas, projetos, políticas) e o tempo e os recursos disponíveis, entre outros fatores, mostram que, em geral, só muito dificilmente as práticas de avaliação poderão refletir rigorosamente o que se prescreve numa dada abordagem. Ou seja, se, por um lado, parece ser importante compreender a natureza e as características distintivas de cada uma das diferentes abordagens, porque acabam por ser instrumentos heurísticos que nos ajudam a delinear e a desenvolver as práticas, por outro lado, também parece importante agregá-las em categorias mais abrangentes e mais densas que permitam um melhor discernimento das opçoes fundamentais que se podem fazer quando efetivamente se *faz avaliação*. Por isso, não poderia estar mais de acordo com o contraste que é feito por Stake (2006) entre a "Avaliação criterial ou avaliação baseada em standards" e a "Avaliação receptiva" (*respondente* ou *responsiva*). Cada uma destas perspectivas partilha, com diferentes graus de profundidade e de abrangência, pressupostos ontológicos, epistemológicos e metodológicos com uma grande variedade de abordagens e visões teóricas. Deste modo, uma boa compreensão do que de mais essencial e fundamental caracteriza cada uma daquelas abordagens, permite apreender as principais questões teóricas que atravessam o domínio da avaliação e, ao mesmo tempo, introduzem um discernimento que parece indispensável no estabelecimento de relações com as práticas. Precisamente no sentido do *discernimento pragmático* que referi no início.

Vejamos então, de forma sintética, como se têm procurado enquadrar e organizar a diversidade de abordagens que fazem parte integrante do campo da avaliação em educação.

Shadish *et al.* (1991) e Stufflebeam (2000) propuseram duas *arrumações* diferentes das abordagens que se podem identificar na literatura. Os primeiros autores agruparam-nas em três conjuntos. No primeiro, que corresponde ao estádio inicial do desenvolvimento da avaliação educacional, incluem-se abordagens em que é valorizada a utilização de procedimentos para encontrar respostas válidas e imparciais relativas ao desempenho de programas de natureza social. Nesta perspectiva, a procura da *verdade* acerca das soluções mais eficazes para a resolução dos problemas sociais constitui uma das principais finalidades das referidas abordagens. Este grupo está influenciado pelas concepções mais objetivas da avaliação, muito enraizadas nas perspectivas de construção do conhecimento próprias das ciências físicas e naturais e, consequentemente, agrupa abordagens orientadas para a análise quantitativa de resultados, em que há uma preocupação clara com a imparcialidade e a neutralidade dos avaliadores que, por isso mesmo, se mantêm distanciados dos contextos e objetos de avaliação.

No segundo grupo agregam-se todas as abordagens cujas perspectivas de avaliação estão mais orientadas para a descrição detalhada das organizações, tendo em vista compreender e conhecer os processos do seu funcionamento e, deste modo, produzir avaliações política e socialmente úteis que possam contribuir para a sua melhoria. A ideia é ir mais além do que o que se preconizava no grupo anterior, na medida em que se procede ao exame minucioso dos processos organizacionais e das tomadas de decisão, procurando adaptar as avaliações às distintas realidades organizacionais. Consequentemente, estamos perante uma avaliação mais presente nos contextos organizacionais, mais interativa e mais subjetiva. O seu propósito é mais o de compreender e dar a conhecer a organização e os seus processos de funcionamento, tendo em vista a sua melhoria, do que emitir juízos acerca do mérito e do valor dos seus resultados. Trata-se de uma avaliação que é entendida como uma construção social; isto é, cujos resultados decorrem de processos mais ou menos intensos de interação e mesmo de negociação com todos aqueles que estão mais diretamente interessados na avaliação e/ou que, de alguma forma, podem ser afetados pelos seus resultados (os chamados *stakeholders*).

O terceiro grupo surge dos processos de construção teórica inerentes à tentativa de integrar abordagens que fazem parte dos dois grupos anteriores. Neste caso, teremos perspectivas mais eclécticas do ponto de vista metodológico e epistemológico com as avaliações a serem fundamentalmente orientadas pelas finalidades que se pretendem alcançar e pelos contextos existentes. Trata-se, num certo sentido, da tentativa de desenvolver uma perspectiva mais pragmática, conjugando sobretudo metodologias, que evita submeter-se a qualquer ortodoxia epistemológica, ontológica ou metodológica. Na opinião dos subscritores desta perspectiva a possibilidade de combinar seletivamente aspectos de diferentes abordagens permite um conhecimento mais profundo e detalhado do que se está a avaliar e ainda formas de triangulação que contribuem para a credibilidade dos estudos (*e.g.*, Greene, Caracelli e Graham, 1989; Howe, 2003; Talmage, 1982; Worthen, 1981). Procura-se a utilidade social das avaliações, podendo, num certo sentido, dizer-se que a *verdade* está na *utilidade*. Esta perspectiva é questionada e mesmo frontalmente rejeitada por vários autores que contestam as teses de compatibilidade entre abordagens que, por vezes, têm pressupostos filosóficos antagônicos (*e.g.*, Guba e Lincoln, 1981, 1989, 2000; Lincoln e Guba, 1985; Schwandt e Burgon, 2006).

Mais recentemente, Stufflebeam (2000) propôs o agrupamento das abordagens de avaliação em quatro categorias: a) Pseudoavaliações, cujos processos e resultados produzidos são incompletos ou têm pouca ou mesmo nenhuma validade (*e.g.*, avaliações controladas politicamente);

b) Avaliações orientadas pelas questões e pelos métodos, ou Quase-avaliações, que, no essencial, se caracterizam pela formulação de questões cujas respostas podem não ser suficientes para nos pronunciarmos acerca do mérito ou do valor de um dado programa e/ou pela utilização de um ou mais métodos preferenciais. Também são chamadas quase-avaliações porque, nuns casos, proporcionam evidências que nos permitem analisar o mérito e valor de um dado programa, enquanto que noutros, devido à sua excessiva delimitação, tal não acontece (*e.g.*, Avaliações baseadas em objetivos; Avaliações orientadas pelos resultados ou avaliações do valor acrescentado; Avaliações baseadas no método experimental; Avaliações baseadas em estudos de caso; Avaliações baseadas em métodos mistos); c) Avaliações orientadas pela melhoria e/ou pela prestação de contas, cuja principal ênfase reside na necessidade de se avaliar compreensivamente o mérito e o valor de um dado programa ou objeto (Avaliações orientadas para a decisão e para a prestação de contas; Avaliações orientadas para os consumidores e Avaliações orientadas para a acreditação e para a certificação); e d) Avaliações orientadas por uma agenda social, cuja principal finalidade é a de contribuir para a transformação e a melhoria da sociedade através de elevados índices de participação por parte dos *stakeholders* (Avaliação deliberativa e democrática, Avaliação construtivista, Avaliação focada na utilização e nos utilizadores e Avaliação receptiva). As quatro abordagens incluídas nesta última categoria fazem parte das nove consideradas mais promissoras para o presente século, entre as 23 que foram exaustivamente analisadas e avaliadas por Stufflebeam (2000).

No esforço de racionalização de Daniel Stufflebeam parece-me que se devem sublinhar os seguintes aspectos: a) o agrupamento das abordagens com base no que parece ser o seu principal propósito; b) a identificação de abordagens que, em rigor, não podem ser consideradas avaliações; c) a identificação de abordagens cujo primeiro propósito é formular juízos acerca do mérito e do valor do objeto de avaliação; d) o reconhecimento inequívoco de que há abordagens de avaliação cujos propósitos estão claramente orientados por agendas de índole social e política; e) o reconhecimento da necessidade e do real valor das chamadas abordagens orientadas pela agenda social; e f) a importância das finalidades e propósitos das avaliações na determinação da abordagem ou abordagens a utilizar.

Para além da organização das abordagens proposta por Alkin (2004) e Alkin e Christie (2004), através da chamada Árvore da avaliação, a que mais adiante se fará referência, Schwandt e Burgon (2006) também fizeram um esforço de sistematização e de agregação, que sublinha a relevância das ações ou processos de comunicação, organizando as abordagens em três grupos.

Num primeiro grupo incluem-se abordagens caracterizadas por algum pragmatismo reflexivo e pela chamada deliberação democrática, nas quais os avaliadores e os *práticos* refletem na ação. São abordagens que, no essencial, se caracterizam pela *cooperação* entre os diferentes intervenientes, tendo em vista a identificação e a geração de problemas que necessitam de resolução; pelos *processos de deliberação cognitiva* que visam à descoberta, à argumentação e à ação; e pelos *processos democráticos* que tornam possível que todos os *stakeholders* participem efetivamente na avaliação.

Num segundo grupo contemplam-se as abordagens que estão mais orientadas para a crítica ideológica e para a emancipação. Os subscritores destas abordagens consideram que as anteriores não podem dar uma resposta cabal à efetiva participação democrática por parte de todos os intervenientes nas avaliações, porque há desigualdades de poder e de privilégios que constrangem ou invalidam qualquer processo deliberativo e democrático de reflexão na ação. Referem-se, por exemplo, às normas que têm que ser observadas para quem quer participar, que privilegiam a argumentação em relação a outras formas de comunicação, que valorizam formas de comunicar desapaixonadas em relação a outras que exprimam emoção ou que desencorajam a utilização de formas de expressão que contrariem certos padrões de civilidade. Consequentemente, consideram que a ênfase deve ser posta na emancipação das pessoas e em processos específicos que garantam a plena participação de todos, particularmente dos que não têm poder, através de procedimentos que mais se adequem à sua cultura e à sua circunstância.

Finalmente, num terceiro grupo de abordagens, consideram-se aquelas em que a avaliação é conceptualizada como um processo de transformação pessoal e social. A ênfase é posta na transformação das pessoas, e não *simplesmente* na transformação da argumentação, dos pontos de vista e das formas de agir.

A sistematização de Schwandt e Burgon (2006) parece estar exclusivamente centrada em abordagens da agenda social, reduzindo-lhe, por isso, a abrangência. Mas, como contrapartida, aprofunda e analisa conceitos que têm relevância para a construção teórica em avaliação. Pensemos, por exemplo, que a participação e/ou o envolvimento dos *stakeholders* no processo de avaliação, em si mesma, não garante nem a deliberação democrática nem a igualdade de poder. Daí os autores agruparem abordagens que introduzem questões como a emancipação e a transformação das pessoas em alternativa à participação meramente formal ou à transformação de argumentos e de pontos de vista.

Como é possível constatar, o quase-labirinto constituído pela multiplicidade de perspectivas teóricas e de abordagens de avaliação tem suscitado esforços de vários autores para encontrarem estruturas de ordem superior ou teorias capazes de integrar tanta diversidade (*e.g.*, Alkin e Christie, 2004; Mark, 2003; Shadish *et al.*, 1991; Stufflebeam, 2000). De acordo com alguns destes autores, essa é uma condição importante para melhorar e desenvolver a teoria e a prática da avaliação (*e.g.*, Mark, 2003). No entanto, outros autores consideram que a melhor forma de melhorar o domínio da avaliação será reconhecer e incorporar as diferenças e a diversidade de abordagens, perspectivas e teorias. Havendo uma grande diversidade de opções, algumas das quais com diferenças inconciliáveis ou muito dificilmente passíveis de ser integradas, a escolha de uma pode impedir a utilização de outra. Ou seja, pode ser positivo aprender acerca de uma abordagem a partir daqueles que a utilizam extensiva e sistematicamente em vez daqueles que procuram integrá-la numa categoria qualquer sem que tenham qualquer experiência e familiaridade com as práticas decorrentes da utilização dessa abordagem (Donaldson, 2003, Lincoln, 2003).

É tendo em conta estas reflexões e ainda a análise da literatura revista (*e.g.*, Alkin, 2004; Donaldson e Scriven, 2003; Kellaghan e Stufflebeam,

2003; Stufflebeam, Madaus e Kellaghan, 2000) que, nas seguintes duas seções deste trabalho, se destaca e discute a perspectiva de avaliação orientada pela teoria e a perspectiva de avaliação orientada pelas práticas e pelas experiências vividas pelos intervenientes.

A ênfase no papel da teoria

A perspectiva da avaliação orientada pela teoria baseia-se no esforço de integração das últimas três décadas, particularmente de abordagens que se inspiram no que poderemos designar por racionalidades objetivas. A preocupação central desta perspectiva reside na necessidade de usar teorias que apoiem o papel que cabe à avaliação na compreensão de rea-lidades sociais complexas. Tal como refere Donaldson (2003), todo o processo de avaliação deve ajudar-nos a compreender o que melhor fun-ciona num dado programa, o tipo de processo mediador envolvido nesse funcionamento e as características dos participantes. Nestas condições, há teorias que parecem imprescindíveis para que um dado programa possa ser cabalmente avaliado (*e.g.*, teorias das ciências sociais, teorias curriculares, teorias da aprendizagem, teorias da avaliação).

Ainda de acordo com Donaldson (2003), uma vez que as abordagens tradicionais, muito orientadas pelos métodos, são limitadas, a avaliação baseada na teoria é mais abrangente e profunda, decompondo-se em três momentos principais. No primeiro elabora-se teoricamente acerca do programa, depois formulam-se e selecionam-se questões de avaliação e, finalmente, responde-se a essas mesmas questões. É um esquema simples e muito direto, mas que exige um forte investimento na compreensão do programa; se assim não for é difícil formular questões de avaliação per-tinentes, oportunas e com real sentido.

O papel da teoria nas práticas de avaliação e no seu desenvolvimen-to teórico é frequentemente objeto de polêmica. Há autores que tendem a minimizar o papel da teoria referindo que é possível *fazer* boa, ou mes-mo muito boa, avaliação dispensando a teoria, ou pelo menos certas formas de teoria (*e.g.*, Scriven, 1998; Stufflebeam, 2001). Mas também há autores que dizem precisamente o contrário, sustentando que a avaliação não pode dispensar as teorias provenientes de diferentes áreas do conhecimento (*e.g.*, Alkin, 2004; Shadish, Cook e Campbell, 2004). Nestas condições, parece fazer sentido ter em conta que, quando se concebe e desenvolve uma avaliação, devem considerar-se, normalmente, três tipos de teorias: a) teorias da avaliação; b) teorias dos programas; e c) teorias das ciências sociais (*e.g.*, Alkin, 2004; Shadish *et al.*, 2004). Vejamos, muito sucintamente, o essencial das suas características mais distintivas.

Teorias da Avaliação

As teorias da avaliação são, como vimos, essencialmente prescritivas, isto é, elaboram sobre como se deve fazer avaliação, prescrevendo um conjunto de regras, procedimentos e outras recomendações que, no fundo, e na opinião dos seus autores, determinam o que é, supostamente, uma *boa* avaliação. Apesar de existirem visões diferentes quanto à necessidade da construção teórica como forma de melhorar o que se pretende avaliar, nomeadamente programas, currículos ou políticas, vários autores têm procurado integrar e articular a diversidade de perspectivas avaliativas.

Alkin (2004) e Alkin e Christie (2004), num esforço de síntese, elaboraram uma Árvore da teoria da avaliação cujo tronco enraíza numa base, constituída pela prestação de contas à sociedade e pela investigação em ciências sociais. A copa da árvore desenvolve-se em três grandes ramos, cada um dos quais representa uma ênfase teórica: a) nas *metodologias* utilizadas, onde poderemos destacar as abordagens propostas por Tyler, Cronbach e Chen; b) na *utilização* que é feita da avaliação por parte dos utilizadores, em que se podem referir os modelos propostos por Stufflebeam, Alkin e Patton; e c) na forma como os dados obtidos através de um processo de avaliação são *julgados* ou *valorizados*, isto é, a ênfase destas abordagens ou modelos prende-se com a atribuição de *valor* aos objetos avaliados como é o caso das abordagens propostas por Scriven, Stake, House, Guba e Lincoln.

Os esforços que tenho vindo a referir parecem ir no sentido de compatibilizar e/ou integrar abordagens de avaliação mais centradas na produção de conhecimento ou na *descoberta da verdade* e abordagens mais centradas nos utilizadores e na utilização dos resultados, isto é, na utilidade social das avaliações. Ora, estes esforços implicam necessariamente que se dê especial atenção à construção teórica.

Donaldson e Lipsey (2006) defendem a necessidade de desenvolvimento teórico e discutem os diferentes papéis que a teoria da avaliação pode desempenhar, nomeadamente no que se refere à linguagem, métodos e procedimentos que acabam por agregar uma comunidade científica. Além disso, a teoria contribui para que exista uma relação mais transparente entre os avaliadores e todos aqueles que, de alguma maneira, estão envolvidos no processo de avaliação, permitindo que, de parte a parte, se perceba melhor o que está, ou poderá estar, em causa nesse mesmo processo. No fundo, ao proporcionar orientações consistentes que estejam de acordo com princípios e *standards* geralmente aceites (*e.g.*, rigor, utilidade, adequação ética, exequibilidade), a teoria pode desempenhar um papel relevante no desenvolvimento das práticas de avaliação.

Teorias das Ciências Sociais

As teorias das ciências sociais são relevantes no campo da avaliação porque estudam fenômenos que ocorrem no âmbito do desenvolvimento de um dado programa e analisam as condições sociais que se pretendem melhorar. As ciências sociais produzem conhecimento acerca de fenômenos que ocorrem numa grande variedade de domínios ou atividades humanas que, normalmente, são objeto de avaliações (*e.g.*, educação, saúde, justiça, serviços sociais). Consequentemente, o conhecimento produzido no âmbito das ciências sociais não deve deixar de ser incorporado nos estudos de avaliação, pois pode desempenhar um papel inestimável na sua planificação e desenvolvimento. Dir-se-á obviamente o mesmo relativamente à teoria construída a partir das realidades empíricas, quando disponível, no domínio particular das ciências da educação. Além disso, as teorias das ciências sociais também são relevantes na análise e interpretação dos resultados das avaliações; de fato, relacionar o conhecimento situado ou localizado que é gerado pelas avaliações (*e.g.*, Alkin, 2004; Stake, 2004) com o conhecimento que é gerado pela teoria das ciências sociais é uma forma de o ampliar e de lhe dar uma dimensão que eventualmente pode contribuir para a prevenção, a melhoria ou a erradicação de determinados problemas e/ou situações sociais.

Teorias dos Programas

As teorias dos programas permitem compreender a natureza do que se quer avaliar e os pressupostos que estão na base de certo tipo de programas (*e.g.*, programa de apoio a alunos disléxicos, programa de educação pela arte). Através das teorias dos programas produz-se conhecimento acerca do seu funcionamento, da sua organização, das relações entre as suas componentes, assim como acerca dos processos utilizados e dos respectivos efeitos nos resultados que se pretendem obter.

As teorias dos programas desempenham um papel importante nas avaliações porque permitem identificar e selecionar questões relevantes, definir procedimentos adequados de recolha de informação e identificar dimensões do programa que devem merecer particular atenção, uma vez que a teoria permite que se conheça as que são mais críticas para o seu sucesso. Dito de outro modo, a teoria de um dado programa não é mais do que um enquadramento que nos ajuda a determinar de que formas é que um projeto, programa ou intervenção visa resolver um dado problema social (*e.g.*, integrar alunos em risco; prevenir a gravidez nas adolescentes; tornar a escola uma instituição mais aberta à diversidade). A construção do enquadramento pode ser feita com base numa diversidade de fontes de informação, tais como: a) o que se conhece de programas ou intervenções anteriores; b) as concepções e as teorias implícitas dos que trabalham no desenvolvimento dos programas; e c) as observações que se podem fazer durante a concretização do programa.

Uma boa conceptualização do programa é uma condição indispensável para que se possam formular as questões de avaliação mais adequadas, pertinentes e relevantes. Além disso, tal como é mencionado por Donaldson (2003), é através da teoria do programa que muitas vezes se poderá determinar se o mesmo está em condições de ser posto em prática e, consequentemente, de ser avaliado. E este é, obviamente, um aspecto que não pode deixar de ser tido na devida conta.

Síntese

Em suma, o que parece estar principalmente em causa na perspectiva da avaliação orientada pela teoria é considerar-se que a avaliação baseada no método não tem bases teóricas que lhe permitam constituir-se como uma atividade rigorosa de natureza científica. A ideia dos subscritores desta perspectiva é a de assegurarem que, em qualquer processo de avaliação, estão presentes três *elementos* principais: a) a *teoria do programa*, que deve estar na base da formulação das questões e do *design* da avaliação; b) a utilização de métodos e procedimentos rigorosos que garantam a credibilidade das respostas às questões formuladas, contribuindo para que a avaliação seja vista como uma ciência fiável e não como um processo de inquérito de segunda ordem; e c) a seleção dos métodos deve estar estrita e diretamente relacionada com a natureza das questões da avaliação e com o tipo de respostas que poderá ser mais útil para os fins em vista. Fica assim claro que, nesta perspectiva, não há propriamente uma estratégia metodológica que seja preferível a qualquer outra em todas as situações e contextos de avaliação.

A Ênfase nas Práticas e na Experiência Vivida

A *experiência vivida* por todos os que participam nos processos de avaliação é hoje considerada indispensável em muitas abordagens avaliativas como alternativa, ou como complemento, às perspectivas baseadas no pensamento criterial ou à concepção de avaliação como medida. Por exemplo, nas quatro abordagens orientadas por agendas sociais e políticas mais mencionadas na literatura, a *experiência vivida* e as *práticas* dos diferentes intervenientes ocupam um lugar de destaque (Guba e Lincoln, 1989, 2000; House e Howe, 2000, 2003; Patton, 1986, 2000, 2003; Stake, 2000, 2006). Refira-se a propósito que Stufflebeam (2000), numa análise e avaliação de 23 abordagens de avaliação, incluiu estas quatro no restrito grupo das nove mais prometedoras para o presente século.

Em qualquer daquelas abordagens é fundamental estudar como é que, num dado contexto social, os *stakeholders* atribuem significado e dão sentido ao que os rodeia (*e.g.*, objetos, pessoas, acontecimentos, experiências) para que se possa reconstruir e interpretar a sua compreensão acerca das coisas. Os significados que os participantes atribuem às experiências vividas são construídos intersubjetivamente através da partilha de pontos de vista, de processos de deliberação democrática e, em geral, das interações sociais. De um ponto de vista hermenêutico, o significado que se atribui ao vivido não é um assunto privado de cada um, mas é algo que se constrói através de processos de interação social. Estas são ideias base que se consubstanciam em várias perspectivas de avaliação contemporâneas em que as *práticas* ocupam um lugar de destaque.

Nas últimas décadas vem ganhando relevância a ideia de que é insuficiente tentar compreender os significados que atribuímos ao que nos rodeia de um ponto de vista marcadamente psicológico (*e.g.*, atitudes, estádios psicológicos, motivos internos). A ideia que se vem impondo é a de que deveremos antes procurar compreender os significados através das *práticas situadas* que partilhamos uns com os outros (*e.g.*, Schwandt e Burgon, 2006). Neste sentido, a *prática* identifica-se com as ações e os significados situados e concretos dos atores.

A *prática* ou as *práticas* têm sido entendidas segundo duas perspectivas. Uma que resulta da clássica dicotomia com a teoria; isto é, a teoria e a ciência estão na base dos nossos processos de reflexão e de pensamento e a prática trata de as introduzir e aplicar no nosso dia a dia. Nesta visão, a teoria e a prática acabam por ser definidas por oposição uma à outra. Noutra perspectiva, a prática aparece associada ao *conhecimento prático* e não é definida a partir da dicotomia teoria-prática. Aproxima-se do significado da *praxis*, traduzindo a ideia de que os seres humanos, no desenvolvimento das suas atividades e como membros de uma dada sociedade, preocupam-se em fazer as coisas bem-feitas quando interagem diariamente com os outros. A prática tem assim a ver com as formas de lidar, de estar e de interagir com os outros e, por isso, há um envolvimento, uma partilha de significados e de valores que ocorre no âmbito de uma tradição que está ligada às experiências de vida das pessoas (*e.g.*, Pendlebury, 1990, 1995; Schwandt e Burgon, 2006).

A prática é um conceito analítico ou uma perspectiva teórica que nos proporciona uma forma de estudar os significados que as pessoas atribuem às experiências que vivem no âmbito de um programa que esteja sob avaliação. Neste sentido, as práticas não são objeto de análise, mas antes importantes meios que nos permitem compreender e avaliar um dado programa.

É a partir da atividade prática e do conhecimento (prático) das práticas reais do dia a dia que o processo de avaliação se desenvolve, permitindo a elaboração e a formulação de juízos acerca do mérito, do valor ou do real significado das ações planeadas no âmbito do que está a ser avaliado. Porém, isto não significa que uma abordagem de avaliação através da *praxis* rejeite a relevância do chamado pensamento científico. O que significa é que a produção de conhecimento científico válido, generalizável e objetivo parte da descrição, da análise e da interpretação do que os práticos são capazes de fazer e alcançar através do seu conhecimento e das suas ações do dia a dia (Schwandt e Burgon, 2006).

A *experiência vivida* parece ter sido parcialmente motivada pelas críticas às perspectivas de avaliação orientadas pela medida, mas também, como não poderia deixar de ser, por desenvolvimentos epistemológicos, ontológicos e metodológicos que, nas últimas décadas, foram abrindo caminho a novos paradigmas e a novas racionalidades no domínio da investigação em ciências sociais e, em particular, em ciências da educação. Hoje é geralmente aceite que a compreensão profunda de qualquer fenômeno ou ação social deverá implicar, antes do mais, a compreensão das visões, dos significados e dos conceitos que os diferentes intervenientes (atores) sustentam acerca do que estão a fazer e a viver. Porém, é necessário que o rigor metodológico imponha procedimentos que garantam a necessária solidez e a credibilidade da avaliação desenvolvida.

Os conceitos de *experiência vivida* e de *prática* propiciam novas formas de olharmos para a avaliação, pois sublinham a necessidade e a importância de não nos cingirmos à utilização de modelos lógicos e a todo o tipo de elementos próprios das perspectivas empírico-racionalistas e passarmos a ter em conta conceitos analíticos que nos ajudam a compreender a natureza processual e deliberativa da prática.

Conclusões e reflexões finais

Ao longo deste artigo discutiu-se essencialmente três questões com relevância para o processo de construção da disciplina de avaliação: a) a questão da multiplicidade de abordagens e a necessidade de discernimento que consolide a teoria e que contribua para a concretização de práticas de avaliação socialmente mais credíveis, reconhecidas e úteis; b) a questão da avaliação orientada pela(s) teoria(s) e o contributo que pode dar para integrar e/ou agregar uma variedade de abordagens próximas das perspectivas mais *objetivistas*; e c) a questão de considerar as *práticas* e as *experiências vividas* por todos os intervenientes com suficiente importância para enriquecer a avaliação dos pontos de vista teórico e prático, agregando assim as abordagens mais *subjectivistas* ou de natureza mais interpretativa.

A avaliação é uma disciplina científica que possui um *núcleo* autônomo de definições, de métodos e de processos que lhe são próprios, podendo, como refere Michael Scriven, fornecer *ferramentas* essenciais para outras disciplinas (*e.g.*, Scriven, 1993, 1994, 2003b). Neste sentido, contraria-se a ideia de que a avaliação se limita a aplicar os métodos das ciências sociais, tal como é defendido por alguns autores (*e.g.*, Rossi, 2004; Shaw, Greene e Mark, 2006). O fato de ser consensual que a avaliação utiliza metodologias e conhecimentos de disciplinas tais como a sociologia, a psicologia e a antropologia, não parece legitimar a ideia de que se trata de uma ciência social aplicada. Basta pensar-se no conjunto de conceitos que dificilmente farão pleno sentido na ausência de uma disciplina de avaliação (*e.g.*, avaliação formativa; avaliação sumativa; corrigir; classificar; selecionar; atribuir valor).

A discussão evidenciou que a avaliação foi influenciada por perspectivas decorrentes da evolução da filosofia da ciência ou, se quisermos, dos paradigmas de investigação. O acalorado debate, antes iniciado no âmbito da filosofia da ciência, repercutiu-se com particular ênfase nos anos 1970 e nos anos 1980, em toda a investigação em ciências sociais, em ciências da educação e, naturalmente, na disciplina de avaliação. Questionaram-se convicções há muito enraizadas nas comunidades científicas tais como a objetividade das investigações, a neutralidade dos investigadores, a ausência de valores na investigação, a precisão e neutralidade dos instrumentos de recolha de informação e, em geral, a infalibilidade das metodologias utilizadas. Assim, os fundamentos e as práticas de investigação, decorrentes dos chamados paradigmas *objetivistas*, foram considerados insuficientes como única fonte credível de produção de conhecimento científico, em particular no âmbito das ciências sociais e humanas.

Ao nível da avaliação, a insatisfação com as avaliações realizadas às políticas públicas e aos seus programas e às aprendizagens dos alunos, muito baseadas em metodologias convencionais, orientadas essencialmente por racionalidades técnicas e tecnológicas, também despoletou um aceso debate que abriu caminho para a utilização de outras perspectivas avaliativas. Os estudos de avaliação começam então a orientar-se por racionalidades mais críticas, com recurso a metodologias de pendor mais *comunicativo* (Habermas, 1984), mais *naturalista* (Lincoln e Guba, 1985) e interpretativo. Surgem então perspectivas em que o conhecimento social é contextualizado e imbuído de valores (House e Howe, 1999), sublinhando-se os significados que os intervenientes atribuem às atividades em que estão envolvidos, que se representam mais por palavras, imagens ou símbolos e menos por números ou por escalas ordenadas.

O debate acerca do que são práticas legítimas de produzir conhecimento no âmbito da avaliação tem prosseguido e é indispensável para que se possa evoluir e definir processos mais credíveis para compreender a vida social. Mas os desenvolvimentos dos últimos anos vieram consagrar a legitimidade científica da integração e/ou articulação de perspectivas de avaliação com base em argumentos de natureza filosófica ou outra (*e.g.*, Greene, Caracelli e Graham, 1989; Howe, 2003; Talmage, 1982; Worthen, 1981).

A proliferação de teorias e práticas de avaliação foi provavelmente produto do debate paradigmático a que anteriormente se fez referência, mas também, seguramente, da crescente complexidade das realidades e dos problemas sociais com que as sociedades contemporâneas se confrontam. Além disso, não há uma teoria ou abordagem acerca da qual possamos afirmar que se adequa a qualquer contexto e/ou propósito de avaliação. Trata-se de uma constatação trivial para quem avalia ou para quem analisa a literatura que também tem contribuído para a expansão do número de abordagens de avaliação. No entanto, a discussão mostrou que prosseguem os esforços no sentido de se construir uma teoria integradora, um enquadramento, que seja suficientemente robusta e elaborada para congregar uma diversidade de abordagens. Trata-se de uma tarefa complexa que passa necessariamente pela ascendência de certas perspectivas em relação a outras, como, num certo sentido, parece estar a passar-se com a Avaliação orientada pela teoria, cujos subscritores reclamam a integração de uma variedade de outras perspectivas teóricas (*e.g.*, Donaldson, 2003; Donaldson e Lipsey, 2006).

Simultaneamente, a proliferação de modelos pode ser um sinal do dinamismo, do crescimento e até da maturidade do campo da avaliação. Mesmo assim têm surgido *arrumações* das diferentes abordagens (*e.g.*, Alkin e Christie, 2004; Stufflebeam, 2000) que, não sendo integrações, introduzem discernimento num certo caos que é possível constatar na literatura. Até agora tais *arrumações* têm sido desenvolvidas com base em aspectos tais como: a) as funções primordiais mais imediatas da abordagem utilizada (*e.g.*, prestar contas, melhorar o funcionamento, apoiar a tomada de decisões); b) a sua influência mais predominante ou o que é mais determinante na conceptualização da abordagem ou teoria (*e.g.*, método, utilização, atribuição de valor); c) a concepção metodológica subjacente (*e.g.*, quantitativo, qualitativo, misto); e d) os processos de interação subjacentes (*e.g.*, deliberativo e democrático, emancipatório, transformação pessoal e social). Estes esforços podem facilitar a clarificação teórica e a organização e desenvolvimento de práticas mais consentâneas com as situações concretas a avaliar. Uma das tarefas a prosseguir será eventualmente a de procurar agregar e/ou integrar abordagens e teorias de avaliação segundo os contextos, situações e utilizadores a que melhor se poderão adequar.

Também se deve aqui realçar a importância de não se considerar a teoria e a prática como conceitos dicotômicos. Considerar a prática uma mera concretização da teoria ou a teoria uma inutilidade parecem ideias ultrapassadas. As experiências vividas e as práticas são conceitos analíticos que permitem compreender melhor a realidade. São formas válidas de gerar conhecimento, mas é necessário ter em conta as suas limitações (ver, por exemplo, Schwandt e Burgon, 2006). De igual modo, as teorias são indispensáveis para que a maioria das avaliações possa gerar conhecimento válido, consistente e útil (veja-se, por exemplo, a importância das teorias das ciências sociais, das teorias dos programas ou das teorias de avaliação conforme se discutiu mais acima). Na verdade, as teorias são fundamentais para compreender o objeto de avaliação, para caracterizar os participantes ou mesmo para a formulação de questões avaliativas. Apesar disso, em muitos casos, as teorias serão, por si sós, insuficientes. Vem a propósito lembrar uma afirmação de Robert Stake que passo a traduzir livremente: "A experiência não garante uma interpretação correta mas a sua ausência é quase uma garantia para uma interpretação incorreta" (Stake, 2006, p. 411).

Para Wenger (1998), os conceitos de *prática* e de *comunidade de prática* são centrais e estruturantes na elaboração da sua teoria social da aprendizagem. Para este autor as diferentes práticas são fluidas, dinâmicas, alteráveis e constituem um conceito mais denso e bem mais complexo do que à partida se poderia esperar. Assim, as práticas não devem ser vistas como a mera expressão *do que se faz*, em si mesmo, mas antes *como se faz* num determinado contexto histórico e social, dotando assim o que fazemos de estrutura e de significado. Neste sentido, a prática é sempre uma prática social em que se inclui o que é tácito e o que é explícito: ou seja, o que se diz e o que fica por dizer, o que se assume e o que se representa, normas e regulamentos, convenções tácitas, regras que não se escrevem e que não se dizem ou *dicas* subtis. Desta forma, a prática acaba por realçar a "natureza social e negociada do explícito e do tácito nas nossas vidas" (Wenger, 1998, p. 47).

Wenger também rejeita a dicotomia entre a prática e a teoria, uma vez que ambas estão presentes sempre que as pessoas se envolvem numa dada prática; de fato, a prática exige sempre a pessoa toda, a que age e a que sabe. Todos os seres humanos possuem teorias que os ajudam a compreender o mundo que os rodeia e tais teorias são desenvolvidas, negociadas e partilhadas através das interações que se estabelecem nas comunidades de prática. A teoria e a prática surgem assim fortemente relacionadas. Mesmo nos casos em que a produção teórica é um fim em si mesmo, ocorre sempre em contextos de práticas específicas. Ou seja, a produção de teoria é também prática. Nestas condições, a teoria e a prática distinguem-se através das tarefas que é necessário empreender no âmbito de cada uma, e não através das qualidades da experiência e do conhecimento humano.

Verifica-se, também na perspectiva de Wenger (1998), a complexidade das relações e a interatividade entre a teoria e a prática. A teoria pode não ser ideal, mas está longe de ser inútil e a prática não pode ser inevitavelmente encarada como não reflexiva, como uma versão incompleta da teoria ou como a sua mera concretização.

Em suma, a discussão parece ilustrar que a avaliação, como disciplina científica, tem evoluído desde uma perspectiva objetivista, *em busca da verdade*, passando por uma perspectiva subjectivista, *em busca de alternativas*, até ao que me parece ser uma perspectiva de pendor mais pragmático, em *busca da utilidade*, que se vem afirmando desde os anos 1980.

A integração e a articulação de abordagens avaliativas e a visão complementar das teorias, das práticas e das experiências vividas pode, de certo modo, ser encarada como uma reação a certas concepções *moder-*

nas de avaliação que parecem querer transformá-la numa *tecnologia* destinada a atribuir valor aos objetos, aos acontecimentos, aos processos e às pessoas, através de uma forma *ideal* de produzir e de comunicar a informação avaliativa. O que poderá vir a acontecer com as concepções desta *avaliação moderna* é a tendência para que ela seja um instrumento de domesticação de um mundo social difícil de controlar e de introdução de uma certa ordem na nossa forma de refletir acerca do que funciona e do que não funciona na hora de melhorar o que quer que seja.

Por isso, é necessário desenvolver avaliações em que as pessoas se possam envolver ativamente na discussão e na deliberação democrática acerca de fenômenos que podem ser determinantes para melhorar as suas vidas. Trata-se, afinal, de considerar a avaliação como um processo complexo e difícil, é certo, que, primordialmente, deve contribuir para o bem-estar das pessoas, das instituições e da sociedade.

Referências bibliográficas

ALKIN, M. (Ed.). *Evaluation roots*: tracing theorists' views and influences. London: Sage, 2004.

_____; CHRISTIE, C. An Evaluation theory tree. In: ALKIN, M. C. (Ed.). *Evaluation roots*: tracing theorists'views and influences. London: Sage, 2004. p. 381-392.

CRONBACH, L.; SNOW, R. *Individual differences in learning ability as a function of instructional variables*. Stanford, CA: Stanford University Press, 1969.

DONALDSON, S. Theory-driven program evaluation in the new millennium. In: DONALDSON, S.; SCRIVEN, M. (Eds.). *Evaluating social programs and problems*: visions for the new millennium. Mahwah, NJ: Erbaum, 2003. p. 109-144.

_____; LIPSEY, M. Roloo for theory in contemporary evaluation practice: Developing practical knowledge. In: SHAW, I.; GREENE, J.; MARK, M. (Eds.). *The Sage handbook of evaluation*. London: Sage, 2006. p. 56-75.

_____; SCRIVEN, M. (Eds.). *Evaluating social programs and problems*: visions for the new millennium. Mahwah, NJ: Erbaum, 2003.

FERNANDES, D. *Prática e perspectivas de avaliação*: dois anos de experiência no Instituto de Inovação Educacional. Lisboa. Documento policopiado, 1992.

_____. Contornos de uma experiência de avaliação desenvolvida no Instituto de Inovação Educacional (1990-1993). *Boletim da Sociedade Portuguesa de Educação Física*, n. 10/11, p. 7-32, 1994.

_____. *Avaliação das aprendizagens*: desafios às teorias, práticas e políticas. Cacém: Texto Editores, 2005.

_____; ASSUNÇÃO, M. I.; FARIA, P.; GIL, D.; MESQUITA, M. *Os professores, os conselhos escolares e o processo de experimentação do novo programa do 9º ano de escolaridade*: um estudo de avaliação. Lisboa: Instituto de Inovação Educacional do Ministério da Educação, 1994.

_____. Ó, J.; FERREIRA, M. *Estudo de avaliação do ensino artístico*. Lisboa: Faculdade de Psicologia e de Ciências da Educação da Universidade de Lisboa, 2007. Disponível em: <http://www.min-edu.pt/np3/524.html> e <http://uidce.fpce.ul.pt/>.

FIGARI, G. A avaliação: História e perspectivas de uma dispersão epistemológica. In: ESTRELA, A. (Org.). *Investigação em educação*: teorias e práticas (1960-2005). Lisboa: Educa, 2007. p. 227-260.

GREENE, J.; CARACELLI, V.; GRAHAM, W. Toward a conceptual framework for mixed-method evaluation designs. *Educational Evaluation and Policy Analysis*, v. 11, n. 3, p. 255-274, 1989.

GUBA, E.; LINCOLN, Y. *Effective evaluation*. San Francisco, CA: Jossey Bass, 1981.

_____ et al. *Fourth generation evaluation*. Newbury Park, CA: Sage, 1989.

_____ et al. Epistemological and methodological bases of naturalistic inquiry. In: STUFFLEBEAM, D.; MADAUS, G.; KELLAGHAN, T. (Eds.). *Evaluation models*: viewpoints on educational and human services evaluation. 2. ed. Dordrecht: Kluwer, 2000. p. 363-382.

HABERMAS, J. *The theory of communicative action*: reason and the rationalization of society. Boston: Beacon Press, 1984. v. 1.

HOUSE, E.; HOWE, K. Deliberative democratic evaluation. In: KELLAGHAN, T.; STUFFLEBEAM, D. (Eds.). *International handbook of educational evaluation*. Dordrecht: Kluwer, 2003. p. 79-102.

HOUSE, E.; HOWE, K. et al. Deliberative democratic evaluation in practice. In: STUFFLEBEAM, D.; MADAUS, G.; KELLAGHAN, T. (Eds.). *Evaluation models*: viewpoints on educational and human services evaluation. 2. ed. Dordrecht: Kluwer, 2000. p. 409-422.

_____. *Values in education and social research*. London: Sage, 1999.

HOWE, K. *Closing methodological divides*: toward democratic educational research. Dordrecht: Kluwer, 2003.

INSTITUTO DE INOVAÇÃO EDUCACIONAL. *Os professores, os conselhos pedagógicos e o processo de experimentação dos novos programas do 6º ano de escolaridade*: um estudo de avaliação. Lisboa: Autor, 1993a.

_____. *Os professores, os conselhos pedagógicos e o processo de experimentação dos novos programas do 8º ano de escolaridade*: um estudo de avaliação. Lisboa: Autor, 1993b.

_____. *Estudo comparativo dos sistemas de avaliação dos alunos em quatro países europeus*. Lisboa: Autor, 1991a.

_____. *Opiniões dos professores do 7º ano de escolaridade acerca do processo de experimentação dos novos programas*. Lisboa: Autor, 1991b.

KELLAGHAN, T.; STUFFLEBEAM, D. (Eds.). *International handbook of educational evaluation*. Dordrecht: Kluwer, 2003.

LINCOLN, Y. Fourth generation evaluation in the new millennium. In: SCRIVEN, M.; DONALDSON, S. (Eds.). *Evaluating social programs and problems*: visions for the new millennium. Mahwah, NJ: Erbaum, 2003. p. 77-90.

_____; GUBA, E. *Naturalistic inquiry*. London: Sage, 1985.

MADAUS, G.; KELLAGHAN, T. Models, metaphors, and definitions in evaluation. In: STUFFLEBEAM, D.; MADAUS, G.; KELLAGHAN, T. (Eds.). *Evaluation models*: viewpoints on educational and human services evaluation. 2. ed. Dordrecht: Kluwer, 2000. p. 19-31.

_____ et al. Program evaluation: a historical overview. In: STUFFLEBEAM, D.; MADAUS, G.; KELLAGHAN, T. (Eds.). *Evaluation models*: viewpoints on educational and human services evaluation. 2. ed. Dordrecht: Kluwer, 2000. p. 3-18.

MARK, M. Toward a integrative view of the theory and practice of program and policy evaluation. In: DONALDSON, S.; SCRIVEN, M. (Eds.). *Evaluating social programs and problems*: visions for the new millennium. Mahwah, NJ: Erbaum, 2003. p. 183-204.

PATTON, M. *Utilization-focused evaluation*. 2. ed. London: Sage, 1986.

_____. Utilization-focused evaluation. In: STUFFLEBEAM, D.; MADAUS, G.; KELLAGHAN, T. (Eds.). *Evaluation models*: viewpoints on educational and human services evaluation. 2. ed. Dordrecht: Kluwer, 2000. p. 425-438.

_____. Utilization-focused evaluation. In: KELLAGHAN, T.; STUFFLEBEAM, D. (Eds.). *International handbook of educational evaluation*. Dordrecht: Kluwer, 2003. p. 223-244.

PENDLEBURY, S. Practical reasoning and situated appreciation in teaching. *Educational Theory*, n. 40, p. 171-179, 1990.

_____. Reason and story in wise practice. In: McEWAN, H.; EGAN, K. (Eds.). *Narrative in teaching, learning and research*. New York, NY: Teachers College Press, 1995. p. 50-65.

POPHAM, W. Objectives and instruction. In: STAKE, R. (Ed.). *Instructional objectives. AERA Monograph Series on Curriculum Evaluation*. Chicago, IL: Rand McNally, 1969. v. 3.

PROVUS, M. *Discrepancy evaluation*. Berkeley, CA: McCutchan, 1971.

ROSSI. P. My views of evaluation and their origins. In: M. C. ALKIN (Ed.). *Evaluation roots*: tracing theorists' views and influences. London: Sage, 2004. p. 122-131.

SANDERS, W.; HORN, S. The Tennessee value-added assessment system: mixed-model methodology in educational assessment. *Journal of Personnel Evaluation in Education*, n. 8, p. 299-311, 1994.

SCHWANDT, T.; BURGON, H. Evaluation and the study of living experience. In: SHAW, I.; GREENE, J.; MARK, M. (Eds.). *The Sage handbook of evaluation*. London: Sage, 2006. p. 98-117.

SCRIVEN, M. Evaluation ideologies. In: STUFFLEBEAM, D.; MADAUS, G.; KELLAGHAN, T. (Eds.). *Evaluation models*: viewpoints on educational and human services evaluation. 2. ed. Dordrecht: Kluwer, 2000. p. 249-278.

_____. Hard-won lessons in program evaluation. *New Directions for Program Evaluation*, San Francisco, CA: Jossey-Bass, n. 58, 1993.

SCRIVEN, M. Evaluation as a discipline. *Studies in Educational Evaluation*, n. 20, p. 147-166, 1994.

_____. Minimalist theory: The least practice requires. *American Journal of Evaluation*, n. 19, p. 57-70, 1998.

_____. Evaluation theory and metatheory. In: KELLAGHAN, T.; STUFFLEBEAM, D. (Eds.). *International handbook of educational evaluation*. Dordrecht: Kluwer, 2003a. p. 15-30.

_____. Evaluation in the new millennium: the transdisciplinary vision. In: SCRIVEN, M.; DONALDSON, S. (Eds.). *Evaluating social programs and problems*: visions for the new millennium. Mahwah, NJ: Erbaum, 2003b. p. 19-42.

SHADISH, W.; COOK, T.; LEVITON, L. *Foundations of program evaluation*: theories of practice. Newbury Park, CA: Sage, 1991.

_____ et al. *Experimental and quasi-experimental designs for generalized causal inference*. Boston: Houghton-Mifflin, 2004.

SHAW, I.; GREENE, J.; MARK, M. (Eds.). *The Sage handbook of evaluation*. London: Sage, 2006.

STAKE, R. *The art of case study research*. Thousand Oaks, CA: Sage, 1995.

_____. Program evaluation, particularly responsive evaluation. In: MADAUS, G.; STUFFLEBEAM, D.; KELLAGHAN, T. (Eds.). *Evaluation models*: viewpoints on educational and human services evaluation. 2. ed. Dordrecht: Kluwer, 2000. p. 343-362.

_____. Responsive evaluation. In: KELLAGHAN, T.; STUFFLEBEAM, D. (Eds.). *International handbook of educational evaluation*. Dordrecht: Kluwer, 2003. p. 63-68.

_____. Advocay in evaluation: a necessary evil? In: CHELIMSKY, E., SHADISH, W. (Eds.). *Evaluation for de 21st century*: a handbook. London: Sage, 2004. p. 470-476.

_____. *Evaluación comprensiva y evaluación basada em estándares*. Barcelona: Graó, 2006.

STUFFLEBEAM, D. (Ed.) Evaluation models. *New directions for evaluation*, n. 89. San Francisco, CA: Jossey-Bass, 2001.

_____. Foundational models for 21st century program evaluation. In: MADAUS, G.; STUFFLEBEAM, D.; KELLAGHAN, T. (Eds.). *Evaluation models*: viewpoints on educational and human services evaluation. 2. ed. Dordrecht: Kluwer, 2000. p. 33-83.

_____. The CIPP model for evaluation. In: KELLAGHAN, T.; STUFFLEBEAM, D. (Eds.). *International handbook of educational evaluation*. Dordrecht: Kluwer, 2003. p. 31-62.

_____ et al. (Eds.). *Evaluation models*: viewpoints on educational and human services evaluation. 2. ed. Dordrecht: Kluwer, 2000.

_____ et al. *Evaluation theory, models & applications*. San Francisco, CA: Jossey-Bass, 2007.

TALMAGE, H. Evaluation of programs. In: MITZEL, H. (Ed.). *Encyclopedia of educational research*. 5. ed. New York: The Free Press, 1982. p. 131-154.

VIANNA, H. M. *Avaliação educacional: teoria, planejamento, modelos*. São Paulo: Ibrasa, 2000.

WENGER, E. *Communities of practice: learning, meaning, and identity*. New York, NY: Cambridge University Press, 1998.

WORTHEN, B. Journal entries of an eclectic evaluator. In: BRANDT, R. (Ed.). *Applied strategies for curriculum evaluation*. Alexandria, VA: Association for Supervision and Curriculum Development, 1981. p. 58-90.

_____; SANDERS, J. *Educational evaluation*. NY: Longman, 1987.

YIN, R. The case study as a tool for doing evaluation. *Current Sociology*, n. 40, p. 121-137, 1992.

2

Diferença, aprendizagens e avaliação: perspectiva pós-colonial e escolarização

Maria Teresa Esteban

> Uma diferença "interior", um sujeito que habita a borda de uma realidade "intervalar". E a inscrição dessa existência fronteiriça habita uma quietude do tempo e uma estranheza de enquadramento que cria a "imagem" discursiva na encruzilhada. [...] Um "eu" parcial ou duplo. (Bhabha)

O cotidiano escolar é desafiador. Convivem, na escola, velhos e novos problemas, antigas soluções e a produção de novas alternativas. Muitos debates parecem eternos, envolvendo questões de tal modo recorrentes que parecem insolúveis. A dificuldade de aprendizagem, a baixa frequência, a indisciplina exemplificam temas que não saem das pautas das reuniões de professores, dos conselhos de classe, das conversas nos corredores das escolas, dos documentos das Secretarias de Educação, dos artigos e pesquisas acadêmicos, dos cursos de formação docente. Observo que a frequência com que esses problemas surgem nas diferentes salas de aulas e a dificuldade de encontrar soluções válidas para os distintos contextos cria possibilidade de fortalecimento das explicações reducionistas para os fenômenos escolares e para as orientações simplificadas para as práticas pedagógicas.

Entre tantos debates e prescrições, verifica-se, ano após ano, a produção de uma grande quantidade de estudantes que *não aprendem*, acompanhando a ampliação do acesso à escola. Problema especialmente significativo nas escolas que recebem crianças e jovens das classes populares. Nesse contexto, marcado pela ausência do que pode ser percebido como êxito, a identificação de determinadas características dos estudantes e de seus grupos sociais de origem como incompatíveis com a aprendizagem e desenvolvimento regulares atua no sentido de naturalizar o fracasso escolar.

Com frequência, circula um discurso capaz de justificar o fracasso dos estudantes das classes populares, utilizando fragmentos de diferentes perspectivas de escola e de sociedade existentes. Mesmo vertentes teóricas opostas compõem, quase que indistintamente, o repertório de explicações possíveis para os resultados escolares, e se mesclam no amplo leque de justificativas de caráter seletivo e meritocrático que atravessam a experiência escolar. Ressalto a ideia de justificativa, porque mesmo o potencial transformador das teorias críticas muitas vezes é reduzido nos fragmentos escolhidos na enunciação da questão:

> É muito difícil trabalhar naquela escola, professora. A comunidade é muito carente, eles não têm acesso a nada, não sabem nada. São muito pobres mesmo, analfabetos. O pai, quando existe, está desempregado, bebendo, no máximo faz um bico... A escola até que tem boa estrutura: biblioteca, computador, sala de vídeo, essas coisas... Mas não tem jeito, a escola só serve mesmo para reproduzir essa sociedade... Tanta desigualdade! Tinha que ser tudo diferente! Eles não aprendem, vêm à escola, mas não aprendem. Muitos são disléxicos, precisam de fono, de psicólogo. Como uma criança com dislexia, ou com déficit de atenção, agressiva, vai aprender? Não dá! Desse jeito, eu não posso fazer nada... quase nada.
>
> Eu acredito na escola, senão não seria professora. Mas na escola que é interessante para o aluno, que parte do que ele sabe, que considera os

OLHARES E INTERFACES

conhecimentos que ele já traz, sua bagagem; olha para o meio em que ele vive e pergunta: "O que é legal aí, o que eu posso aproveitar para ensinar os conteúdos?". E acompanha o aluno, vê o que ele precisa, vê como ele está indo.

Sobre essa convivência de proposições substancialmente diferentes, tenho encontrado também na voz de minhas alunas,[1] em diversos momentos do nosso trabalho, uma resposta que me oferece algumas pistas sobre a ambiguidade das explicações que circulam na esfera educacional: "Professora, uma vertente fala do que a escola é, outra do que a escola deveria ser." Ainda assim, não me parece muito claro o que a escola *é*, nem isento de tensões o que ela *deveria ser*. Também entendo ser necessário indagar os fatores que permitem a articulação de fragmentos antagônicos numa perspectiva de complementaridade.

Nesse quadro, em que frequentemente se constata que a escola *não é o que deveria ser*, muitas perguntas retornam e encontram respostas que se repetem, mesmo quando são reconhecidamente insuficientes: padronizar os desempenhos validados, unificar os percursos de aprendizagem, uniformizar e intensificar o sistema de exames, classificar e reprovar. Como solução para o fracasso escolar, mais exclusão escolar.

O conceito de qualidade que costura tais propostas tem como única alternativa a normalização dos sujeitos, culturas, processos e práticas, ou seja, exclusão da diferença, negação da alteridade, ajuste do *outro* às identidades fixadas pelo modelo hegemônico e segregação daqueles que não se conformam às normas. O fracasso escolar se constitui como estímulo à reprodução, com o reconhecimento de uma única racionalidade e com a subalternização do conhecimento vinculado à produção da diferença cultural.

Os atuais resultados escolares, o que se considera êxito ou fracasso, se produzem no âmbito das relações de dominação colonial que articulam à perspectiva hegemônica de conhecimento. Cabe falar aqui em relações coloniais considerando, como Mignolo (2003), que o fim do período co-

---

1. Refiro-me a alunas da disciplina Avaliação Educacional do curso de Pedagogia da Universidade Federal Fluminense.

lonial como relação política não representou o fim do colonialismo como relação social, portanto a colonialidade do poder, do saber e do ser se mantém e adquire novas formas, se inserindo em novos projetos globais, consoantes à hegemonia, também epistemológica. Nesse sentido, o estudo da dinâmica sucesso/fracasso escolar demanda reflexão sobre a epistemologia que constitui o projeto de escolarização, ou o debate silenciado em seu cotidiano entre a epistemologia que demarca o seu centro e as epistemologias que ocupam suas margens. Refletir sobre o fracasso escolar é pensar sobre as relações eu/outro, igualdade/diferença, mesmo/alteridade, negação/negociação, conhecimento/desconhecimento, subalternidade/libertação e suas fronteiras.

Os maus resultados escolares evidenciam as fraturas do projeto vigente, no qual se busca regular a distribuição parcial de fragmentos do conhecimento, gerando alguma redução das desigualdades sem desarticular processos de subalternização de sujeitos e grupos sociais. A impossibilidade de a sociedade produzir sucesso escolar para todos e a circunscrição sociocultural do fracasso oferecem elementos para a interpelação das relações entre o projeto hegemônico de escola e a produção social de práticas discursivas e de dispositivos que tornem aceitável a manutenção da desigualdade e da subalternidade, confinando a alteridade em estereótipos.

Refletir sobre as estratégias de produção de novos indicadores, instrumentos e objetivos pedagógicos, com a manutenção do fracasso, e sobre as astúcias de professores(as), estudantes e seus familiares para buscar a aprendizagem, me mobiliza a continuar pesquisando. Coloco-me na vertente que procura ler essa história a contrapelo e tomo como ideia articuladora deste artigo a compreensão do fracasso escolar de dois modos: o primeiro, como uma das formas de expressão e de constituição do fracasso do projeto moderno de escola, parte de um projeto de sociedade que se erige sobre relações de subalternidade; o segundo, como um dos indicadores da luta das classes populares contra a subalternização, também presente nas relações pedagógicas.

O fracasso escolar se manifesta como uma das expressões da colonialidade, que impede o sujeito de ser o que é e exige que ele seja aquilo que não pode ser:

> O discurso da mímica é construído em torno de uma *ambivalência*; para ser eficaz, a mímica deve produzir continuamente seu deslizamento, seu excesso, sua diferença. [...] Emerge como a representação de uma diferença que é ela mesma um processo de recusa. [...] Coloca uma ameaça imanente tanto para os saberes "normalizados" quanto para os poderes disciplinares. [...] Não apenas "rompe" o discurso, mas se transforma em uma incerteza que fixa o sujeito colonial como uma presença "parcial" — tanto "incompleto" como "virtual". [...] A mímica passa a ser simultaneamente semelhança e ameaça. (Bhabha, 1998, p. 130-131)

O projeto hegemônico de escola, unívoco, não atende às múltiplas demandas de uma sociedade marcada pela diferença cultural, tampouco acolhe os sujeitos híbridos que a compõem, sempre expostos em sua incompletude: o fracasso espelha a mímica inerente à dinâmica imposta, é um desacato à proposta de universalização de uma única visão de mundo. Porém o cotidiano é campo fértil para negociações e subversões de sentidos. Os sujeitos híbridos muitas vezes assumem a perspectiva hegemônica, mas nela introduzem suas marcas veladas, indícios de sua inconformidade, um *algo mais* que não reflete meramente *um* ou *outro* enunciado, mas negocia com ambos, tecendo novas possibilidades. Ao colocá-los em relação, permite o confronto entre os limites do poder social que inscreve os grupos e lugares de enunciação e os deslocamentos de suas fronteiras.

O fracasso pode significar o desejo de escola pelas classes populares, pois, para fracassar na escola é preciso estar nela, e simultaneamente sua recusa desse projeto de escola. Permanecer na escola sem se submeter totalmente pode ser um meio para ir forçando sua incorporação na tecelagem da proposta de escola, com suas cisões e conflitos, dentro de um processo ambivalente de identificação.

A escola, como projeto institucional, muitas vezes se afasta dos modelos sociais constituídos nas margens, e essa mesma escola, especialmente como produção cotidiana, não se aparta da histórica luta das classes populares contra a opressão e a subalternização. Suas relações cotidianas geram encontros e confrontos em que se produzem diferentes sentidos para a escola como espaço democrático de produção e socialização de conhecimentos. O aprofundamento dos processos democráticos numa perspectiva de libertação leva ao questionamento sobre que conteúdos devem-se transmitir e como fazê-lo, à problematização da construção curricular, da seleção e validação dos conhecimentos que o compõem e das práticas pedagógicas que institui. Porém essa indagação não pode se limitar aos aspectos técnicos do processo pedagógico, pois não se pode pensar a escola fora do projeto da modernidade (teórico e político) em que se constitui.

Assim, não basta tratar o baixo desempenho e a exclusão dos estudantes como expressão de suas próprias dificuldades de aprendizagem, das características culturais e da precariedade econômica do grupo social a que pertencem ou da incapacidade ou má-formação dos seus professores e professoras. Nosso desafio é mais complexo, pois coloca em discussão a articulação entre os processos e resultados escolares e a negação de conhecimentos e culturas, como parte da produção de relações intersubjetivas marcadas pela subalternidade, opressão e dominação, que naturaliza a transformação da diferença em desigualdade e fixa a relação *eu / outro* num quadro antagônico.

Esses processos tecem as práticas escolares, se entrelaçam aos pequenos atos cotidianos e se manifestam em nossas atuações ordinárias, aparentemente desconectadas das questões mais amplas. Traduzem-se no cotidiano escolar, por exemplo, quando identificamos as diferentes aprendizagens realizadas pelos estudantes com *não aprendizagem*, por não corresponderem aos padrões escolares: a diferença justifica a desigualdade. Porém a concepção hegemônica, inevitavelmente presente, é tensionada por outras perspectivas teórico-epistemológicas que nos permitem tomar a multiplicidade de percursos de aprendizagem como expressão da necessidade de uma compreensão mais cuidadosa do que a escola reconhece como aprendizagem e das relações estabelecidas entre as aprendizagens dos estudantes e os parâmetros escolares de aprendizagem e de ensino eficientes.

Situo o processo de avaliação como parte dessa dinâmica, na qual se produzem os procedimentos, parâmetros, indicadores e significados que o constituem. A avaliação educacional se forja nesse projeto e embora adquira diferentes sentidos se caracteriza predominantemente como um processo classificatório, tendo como uma de suas principais funções naturalizar a diferença colonial, que silenciosamente percorre o cotidiano escolar, para justificar a seleção e a exclusão de sujeitos, conhecimentos e culturas. A avaliação expressa com vigor os ideais de neutralidade, objetividade e verdade que constituem o discurso científico moderno, deles se vale para legitimar a diferenciação e a desigualdade. Tendo como função diferenciar, discriminar e hierarquizar, articula os processos escolares aos campos de força socialmente produzidos e funciona como dispositivo de nomeação, localização e controle dos sujeitos e seus processos nos espectros escolar e social. No entanto, também tem seu discurso tensionado, pois ao dar visibilidade à diferença, mesmo que para normalizar os diferentes, traz para a reflexão escolar sua existência.

Tomando o ponto de vista hegemônico como o único legítimo, olham-se os estudantes, suas produções, suas perguntas, seus projetos sem neles reconhecer conhecimentos válidos. Os conhecimentos em sua diferença são postos à margem no processo de escolarização, cuja centralidade está no desempenho: produção passível de ser nomeada, localizada, hierarquizada e controlada. Os sujeitos são chamados à escola e nela se encontram com práticas que frequentemente negam suas diferenças, reduzem a alteridade à mímica, enfatizam a normalização e celebram a diversidade, instituindo discursos em que o *outro* perde o direito de narrar-se.

Essas questões se articulam à reflexão sobre a dinâmica de avaliação instaurada, como processo tradicional de validação/negação da aprendizagem e dos conhecimentos, especialmente no que se refere aos modos como se incorpora a diferença aos processos dos estudantes.

Cotidiano escolar: entre a heterogeneidade (in)desejada e a homogeneidade (im)possível

A perspectiva pós-colonial[2] tem se mostrado fértil para o aprofundamento do debate sobre as questões educacionais. Partindo do reconhe-

---

2. "O termo 'pós-colonial' seria mais preciso, portanto, se articulado como 'teoria pós-teoria Primeiro/Terceiro Mundos', ou 'pós-crítica anticolonial', como um movimento para além de um

cimento dos limites da epistemologia eurocêntrica e problematizando seus conceitos fundamentais, gera espaços diversos para a percepção de fronteiras enunciativas de vozes e histórias dissonantes e dissidentes, de onde emergem narrativas da diáspora política e cultural, com seus múltiplos deslocamentos. Oferece condições para melhor compreensão da escolarização das classes populares, sujeitos das margens, e para sua incorporação, de modo mais articulado, aos movimentos que tecem o cotidiano escolar. A intensidade dessas relações proporciona outras aproximações ao complexo processo de produção, validação e socialização dos conhecimentos, uma trama infinita, com fios que se entrecruzam incessantemente, sem fronteiras que definam de modo inequívoco seu princípio e seu fim e sem marcos capazes de garantir um sentido único para seus movimentos.

O projeto moderno de escola se elabora dentro das tensões que perpassam a dinâmica colonial, em que a definição dos estatutos de colonizador e de colonizado — demarcação geopolítica e cultural da conformação do centro e da periferia/margem — se articula à elaboração das concepções hegemônicas de conhecimento, sociedade e cultura, ancoradas nas formulações eurocêntricas de Estado, nação e modernidade. Esse projeto de escola se vincula à expansão, consolidação e naturalização das relações coloniais e se apoia no discurso que costura democratização do acesso à escola e emancipação dos sujeitos pela escolarização. Segundo Dussel (2006), o conceito racional de emancipação desenvolve e esconde um "mito irracional" que justifica, inclusive, a violência genocida.[3] Portanto, é preciso cuidar dos discursos que aliam escolarização e emancipação.

---

mapeamento das relações de poder entre 'colonizador/colonizado' e 'centro/periferia' relativamente binarístico, fixo e estável. Tais rearticulações sugerem um discurso mais nuançado, que permite movimento, mobilidade, fluidez. Aqui, o prefixo 'pós' faria sentido menos como 'depois' que como seguindo, indo além e comentando um certo movimento intelectual — a crítica anticolonial terceiromundista — ao invés de para além de um certo ponto na história — o colonialismo; pois aqui 'neocolonialismo' seria uma forma menos passiva de tratar a situação dos países neocolonizados, e uma modalidade de engajamento politicamente mais ativa" (Shohat apud Mignolo, 2003, p. 139).

3. Dussel apresenta críticas profundas aos momentos irracionais do Iluminismo sem negar a razão, mas afirmando a *razão do outro* (lócus diferencial de enunciação). Propõe um processo de

A escola, como projeto unívoco, tem importante participação na regulação da desigualdade e da violência e na redução da resistência, necessárias à colonialidade do poder (Mignolo, 2003). Suas práticas cotidianas se entrelaçam ao objetivo de manufaturar a homogeneidade cultural, rasurando as marcas da diferença cultural, inscrita nos conhecimentos banidos do currículo prescrito em consequência de seu distanciamento da racionalidade ocidental e da produção científica. Os atos escolares, muitas vezes sutis, favorecem a colonialidade do saber e do ser e contribuem para a naturalização da colonialidade do poder; participam, assim, da construção da versão de que a subalternidade, necessariamente produzida pela colonialidade, é um momento circunstancial e passageiro, com fortes vínculos com a inferioridade cultural. A subalternidade adquire o sentido de uma consequência da diferença, vista como marca negativa, passível de superação individual desde que não faltem condições biológicas e/ou psicológicas necessárias à aprendizagem e ao desenvolvimento requeridos ou capacidade para abandonar as características negativas que se interpõem ao seu movimento em decorrência dos contextos marginais em que as classes populares se inserem.

A escola de massa se constitui com destacado papel nesse conjunto de relações por se articular ao compromisso de "civilizar" os indivíduos e ao ideal de formação do cidadão, ambos necessários ao projeto moderno de emancipação. A escola funde-se à promessa de criação de oportunidades para os indivíduos se distribuírem pelos diferentes lugares que configuram o espectro social. Apresenta-se como a instituição capaz de oferecer os conhecimentos fundados na verdade científica, que garante a fiabilidade dos dados difundidos e a rigorosidade do método utilizado, socialmente válidos e necessários a uma inserção social legitimada. A dimensão técnica da escolarização torna-se prioridade, o que reduz sua visibilidade como fenômeno sociocultural e permite sua tradução como um conjunto desagregado de atos individuais que geram sucesso ou fracasso.

---

transmodernidade em que haja uma inclusão solidária dos pares estruturados como opostos pela modernidade. Essas noções não serão discutidas neste texto.

A desarticulação dos fragmentos que tecem a experiência escolar cria condições para que a democratização do acesso à escola, dentro de um contexto de uniformidade cultural, se alie ao desempenho insuficiente dos sujeitos, especialmente os das classes populares, para justificar a desigualdade social, apresentada como decorrência natural da diferença. A tradução escolar da diferença em desigualdade se apoia na ênfase no mérito. Esta noção articula com coerência os objetivos, conteúdos e percursos escolares, formulados como parte das relações de subalternização em consonância com as exigências do poder colonial ao discurso democrático. Nessa perspectiva, a oferta do mesmo conhecimento a todos qualifica a cidadania de cada um e ao lado da apropriação desigual desses conhecimentos, pelos sujeitos, produz uma hierarquização justa nos âmbitos escolar e social e favorece o consenso em torno da validade do currículo e das práticas pedagógicas.

A escola se propõe a receber a todos e a inseri-los na cultura hegemônica; com isso, não garante, nem promete, a inserção de todos nos espaços sociais valorizados. Ao acenar com a emancipação, oferece aos indivíduos lugares diversos com possibilidades e valores socioeconômicos variados, se mostrando às classes populares como um dos únicos meios legítimos para melhorar sua condição na participação da distribuição desigual da riqueza, dos conhecimentos e dos efeitos negativos do modelo social dominante. Em contextos marcados pela desigualdade social, cultural e econômica, pela desqualificação dos conhecimentos diferentes do hegemônico, pela miséria como destino de muitos e pela exclusão do direito à vida, as promessas escolares contribuem para que os diferentes sujeitos e grupos sociais desejem a escolarização e procurem se adequar a suas normas. Esta dinâmica, também constituída pelas relações hegemônicas de poder e de conhecimento, reduz a força dos processos de luta por expor a dominação como consequência "natural" da "supremacia cultural", apresentando a disputa e o conflito como ações de um passado representado como selvagem, inculto e superado.

Esses movimentos, no entanto, não eliminam a complexidade dos processos sociais e escolares, imprimindo forte ambivalência à luta das classes populares pela escola pública: os sujeitos subalternos desejam a escola que lhes promete a inclusão social, embora articulada pela homogeneidade dos saberes e dos processos que os exclui; simultaneamente, negam os percursos homogêneos propostos pela escola, embora nela busquem conhecimentos que os fortaleçam ao se confrontarem à exclusão, mesmo quando não atingem o desempenho esperado. Inclusão e exclusão se mostram processos opostos e complementares, articulados pela dominação cultural projetada no abandono da incivilidade e na promessa de emancipação, numa perspectiva redutora.

A proposta moderna de emancipação se confunde com a demanda de elevação cultural que a escola anuncia como sua função. Essa associação só tem sentido pela atribuição de valores diferentes às diversas culturas existentes, com a produção de uma hierarquia que coloca em seu topo a cultura eurocêntrica, referência a se alcançar. O conceito de emancipação, no âmbito do pensamento hegemônico, não rompe com a subalternidade, pelo contrário, a incorpora ao se vincular aos movimentos de controle e submissão dos sujeitos e grupos sociais pela negação das culturas de que são portadores. A subalternização/elevação, movimento duplo indispensável a essa concepção de emancipação e de democratização, se explica pela ideia de civilidade que se vincula às ideias reducionistas de identidade cultural.

A noção de *diferença cultural*, como processo de significação pelo qual "afirmações *da* cultura ou *sobre* a cultura diferenciam, discriminam e autorizam a produção de campos de força, referência, aplicabilidade e capacidade" (Bhabha, 1998, p. 63 — itálico no original), é fundamental para a reflexão sobre os processos escolares de produção e de conformação à desigualdade. A diferenciação cultural cria instabilidade e adquire novos matizes por ser apreendida como resultado de práticas discriminatórias e produzida como signo de autoridade (Idem, p. 166), coloca sob suspeição a ideia de cultura como elemento de unificação e produção de homogeneidade, apoiada pela noção de identidade histórica.

A "pureza" da cultura deixa de ser uma possibilidade válida quando se interpela a ideia de identidade cultural como expressão legítima de uma tradição sólida e uniformemente construída, que remete a uma memória histórica que funda a identidade coletiva única, e se reconhece esse discurso como "uma estratégia de representação da autoridade" (Idem, p. 65) que está no núcleo da representação colonial e da sua definição de conhecimento e forma de conhecer válidos. Emerge a compreensão da cultura como produção no espaço contraditório e ambivalente da enunciação, tecido híbrido, com significados e símbolos fluidos.

Em nenhum momento o discurso hegemônico ignora a existência de diferentes culturas; o pensamento eurocêntrico reconhece a diferença, porém, como objeto de conhecimento: diversidade.[4] Exclui do processo de produção do conhecimento o *Outro* ao qual se refere, mantendo a relação de dominação. A exclusão do *Outro* não o elimina. Subalternizado, negado, silenciado e invisibilizado, permanece através de signos apropriados, traduzidos, inseridos em outras tramas históricas e discursivas. A tensão que sua exclusão/manutenção produz permite a percepção da cultura como trama contraditória e ambivalente, entretecida aos diferentes processos históricos de produção da vida, caracterizada pelo hibridismo: suas produções — materiais e simbólicas — e significados são passíveis de múltiplas constituições, apropriações e traduções.

Os sujeitos subalternos, em sua luta, demandam liberdade "para negociar e traduzir suas identidades culturais na temporalidade descontínua, intertextual, da diferença cultural" (Bhabha, 1998, p. 68). A escola é inevitavelmente parte dessa realidade e também se configura como *espaçotempo* de luta por novos lugares, político e histórico, de enunciação que permitem a transformação dos significados constituídos na dinâmica colonial.

As práticas escolares se constituem no diálogo, nem sempre harmonioso, entre o projeto moderno de escola, com seus diferentes entrelaçamentos, e as experiências ordinárias. No cotidiano, múltiplas culturas se apresentam com seu caráter fragmentário e dinâmico, se entretecem e se confrontam na composição da experiência escolar, sempre diferente da

---

4. Utilizo neste artigo a distinção proposta por Bhabha (1998, p. 63): "A diversidade cultural é um objeto epistemológico — a cultura como objeto do conhecimento empírico — enquanto a diferença cultural é o processo de enunciação da cultura como 'conhecível', legítimo, adequado à construção de sistemas de identificação cultural."

cultura que estrutura o currículo prescrito, se confrontando ao projeto que a propõe como instituição que transmite os conteúdos (e se utiliza de métodos) pertencentes à cultura validada, percebida como uma totalidade coerente, constituída pelas concepções de tradição, homogeneidade e progresso.

Nesta relação se circunscreve o lugar do *Outro* na dinâmica escolar e são tecidas as possibilidades de inserção oferecidas/negadas aos sujeitos das classes populares. Ela demarca o projeto de universalização do acesso à escola: todos devem ir à escola, porém não como sujeitos produtores de conhecimentos inseridos em dinâmicas culturais distintas, mas, fundamentalmente, como indivíduos que cumprem o papel de aluno, com o objetivo de adquirir as parcelas socialmente validadas do conhecimento articulado pela cultura hegemônica. O indivíduo é incluído para que se reduza a alteridade, numa relação de antagonismo entre *eu* e o *outro*.

Outros espaços de enunciação, outros projetos em articulação

Os sujeitos que ocupam as margens sociais são frequentemente confrontados a sua subalternidade. A ideia de supremacia cultural justifica e oculta a diferenciação, a dominação e a subalternização que sustentam a autoridade legitimada. Porém a diferença cultural cria possibilidades de exposição dos limites da produção da homogeneidade pretendida no projeto hegemônico de escola; traz as muitas histórias, as várias culturas e os distintos saberes, mesmo que na invisibilidade e no silêncio, e desestabiliza as representações de saber e poder estruturadas pela cultura hegemônica. A representação da diferença cultural pode ampliar os movimentos escolares cotidianos que se opõem à subalternização, por não contar com um "sujeito transcendente que sabe", mas com sujeitos ordinários que tecem saberes e não saberes.

Colocando em tensão a imagem idealizada, a vida cotidiana se abre aos diferentes sujeitos com os seus conhecimentos/desconhecimentos, criando, assim, espaço de enunciação da diferença e a impossibilidade de nomear e localizar os sujeitos em categorias fixas, estas sempre insuficientes por exigirem uma clara decisão entre contrários entrelaçados às experiências cotidianas.

O pensamento pós-colonial ressalta os processos de produção de significados imersos em campos culturais, nos quais as relações de poder envolvem, além da regulação do uso dos recursos, processos variados, explícitos ou difusos, de dominação, de hegemonia ou de controle, entretecidos às relações sociais, como os regimes disciplinares e as práticas discursivas. As categorias usadas são forjadas de modo complexo, sem permitir definições claras e consensuais, pois se reconfiguram nos diferentes enunciados e estão atravessadas por conflitos, polêmicas, dilemas e contradições.

A vida cotidiana, por sua vez, é fundamental para a tecelagem da perspectiva pós-colonial, pois nos pequenos detalhes do cotidiano se expressa a violência da sociedade cindida. Os detalhes são tramados também por silêncio e invisibilidade, ambos importantes elementos de resistência e de articulação de outras possibilidades e outros significados numa cultura insurgente, intersticial e marginalizada. Nos atos ordinários, os sujeitos subalternizados buscam os interstícios das relações de poder para atuarem no sentido de produzir sua visão e seus modos de fazer. Nos insignificantes atos cotidianos, em que a vida é vivida e narrada, se encontram as ambivalências que compõem as experiências e guardam tanto a força da negação dos sujeitos quanto o poder inscrito no desejo de solidariedade social.

As teorias pós-coloniais, produzidas nas margens e pelas margens, colocam em tensão as fronteiras entre centro e periferia. Nas margens estão a miséria, os conhecimentos desqualificados, os grupos subalternos; por suas características, são compreendidas como esferas do conhecimento e arenas historicamente construídas como parte das interações mais amplas entre significado e poder, o que faz seus modos de produção e compreensão da vida serem também colonizados pelos esquemas acadêmicos das ciências sociais e pelas diferentes disciplinas. No entanto, essa inserção se dá em um quadro de profunda ambiguidade, fazendo das margens terrenos fluidos e fronteiras porosas, espaços de articulação do pensamento crítico e criativo, lócus de resistência e de ressignificação das experiências, de onde se produzem fortes questionamentos às afirmações centrais do conhecimento dominante e do poder que se justifica pelo domínio do conhecimento válido (Dube,1999, p. 74).

As margens são produzidas pela colonialidade do poder e se produzem como desafio à concepção eurocêntrica, singular e unívoca, que as determinam como categoria fixa e oposta ao centro. As margens como espaços sociais subalternos são destituídas de seu reconhecimento como lócus de enunciação de conhecimentos e de projetos sociais válidos, através de processos articulados à conquista, destruição e submissão de povos e culturas, às dinâmicas de distribuição/concentração do conhecimento e aos movimentos de produção e distribuição desigual das riquezas. Porém a destruição de suas possibilidades não é completa, tampouco a sua subordinação.

Distintos saberes e modos de vida, ou seus fragmentos, ocupam as margens sociais e se mantêm em interação com a produção do centro. A porosidade e transitoriedade das fronteiras evidenciam a desigualdade, a violência, a resistência e a felicidade como elementos que perpassam o conjunto das relações estabelecidas. Novas significações são produzidas em relações e contextos que não podem ser demarcados por antagonismos, por sua vez impossíveis de serem eliminados pelo compromisso com a homogeneidade. O *entre-lugar* é o *espaço-tempo* intersticial de produção de novas significações, em que a relação entre os opostos produz novas possibilidades de articulações do discurso e da ação. Em sua produção dialogam permanência e ausência, o que se aceita e o que se nega, se configurando pela pluralidade, pela diferença, pela contradição, pelo entredito, pelo silenciado. Está marcado pela tensão: processos cindidos, desconforto dos nomes impróprios e instabilidade pela fluidez das fronteiras (Bhabha, 1998).

As experiências dos sujeitos subalternos e a observação da dinâmica pedagógica a partir das margens expõem contradições do projeto moderno de escola e as fraturas que inviabilizam sua plena realização. Sendo uma instituição forjada pelo discurso da emancipação, reduzido em sua intensidade para ser parte de um processo de subalternização, traz em si uma tensão insolúvel entre a igualdade formal dos seres humanos, a validação, difusão e apropriação do conhecimento e a construção de hierarquias sociais, sempre atravessadas pela exclusão de direitos. A tecelagem cotidiana da escola é dinâmica e plural, atravessada por diferentes conhecimentos que indiciam acordos, resistências, discordâncias, negociações, recomposições e conquistas.

Em nosso contexto, não podemos pensar a escola fora de um processo permanente de lutas. As sociedades periféricas sequer conseguem universalizar a escola básica, mas seu valor social é universalizado, fazendo com que mesmo os segmentos sociais marginalizados incorporem a escolarização como um direito e um desejo. A oferta/negação da escola e dos conhecimentos que ela parece guardar gera possibilidades de emergência, em suas práticas cotidianas, da sua complexidade e favorece a elaboração de múltiplos sentidos para sua existência, se constituindo por práticas discursivas ambivalentes que sustentam propostas de inclusão/exclusão.

A crescente democratização do acesso à escola proporciona novas articulações entre o centro, as margens e suas fronteiras sempre fluidas, forjando movimentos que se entretecem à definição dos processos desenvolvidos em seu cotidiano e às políticas públicas que regulam seu funcionamento. Novos perfis são delineados, produzindo questionamentos tênues aos conteúdos e métodos escolares, bem como à noção de qualidade que orienta o trabalho. Todavia, não se democratiza o acesso ao conhecimento e mantém-se como uma armadilha a pergunta: *Por que a criança não aprende?* Entrelaçadas aos processos cotidianos, ainda que menos visíveis, também estão perguntas sobre os conceitos de aprendizagem, conhecimento e ensino utilizados.

Permanecendo a insatisfação, também se mantém a busca de alternativas. Nas margens se produzem outras racionalidades:

> "A razão subalterna se constitui a partir das experiências subalternas, com impacto sobre a filosofia, o pensamento social, a organização social, atuando na autocompreensão e na formulação de políticas públicas comprome-

tidas com a transformação das relações de subalternidade". (Mignolo, 2003, p. 160)

Outras perspectivas epistemológicas emergem, numa produção de novos lócus de enunciação tecidos por uma postura teórica e política comprometida com a releitura das relações coloniais, em que a oposição à produção da subalternidade e a articulação de uma *razão subalterna* são dimensões de um mesmo movimento. A diferença cultural, por sua capacidade para projetar o que deveria ser mantido em silêncio e oculto, enunciando a cultura como *espaçotempo* de conflito, negociação e produção, como parte das relações sociais e das disputas de poder, é um processo a ser integrado ao movimento de articulação da racionalidade subalterna. Mostra-se significativa para uma re-leitura da democratização da escola que possa articulá-la à emancipação que ultrapasse os marcos da modernidade e represente possibilidades efetivas de libertação dos diferentes processos de opressão.

Pensar a partir das margens, em suas dobras e *entre-lugares* (Bhabha, 1998), como propõe a teoria pós-colonial, oferece novas perspectivas para ao menos duas dimensões da educação escolar: a política e a metodológica.

A dimensão política recoloca o sujeito subalternizado como produtor da vida, em relação com as circunstâncias, capaz de criar cotidianamente seus modos de viver, atribuindo significados aos processos de que participa. Sujeito que em sua invisibilidade e silenciamento tece, coletivamente, modos de ser, dizer, viver para interagir com as diferentes esferas de produção da vida, imprimindo suas marcas. Por sua inserção social e inscrição cultural, pode produzir outras perspectivas de conhecimento e de vida, problematizando a dicotomia centro/periferia e a relação sujeito/objeto tal como são postas pela modernidade/colonialidade.

A releitura dos processos sociais tem o sentido de recuperar movimentos democráticos de libertação para restaurar as vozes e os *loci* de enunciação dos grupos subalternizados e silenciados pelo processo histórico. As metanarrativas são problematizadas e se estimula o surgimento de diferentes narrativas trazidas pelos sujeitos ordinários, segundo suas próprias experiências, provocando uma reflexão profunda sobre seu próprio passado e sobre o processo histórico: *a história a partir de baixo* (Mignolo, 2003). Também na escola se mostra fundamental essa recomposição da história cotidianamente produzida, mas destituída de valor e desconsiderada na ação pedagógica e na reflexão sobre ela.

Pensar sob a perspectiva da subalternidade, como processo marcado por lutas e permanentes recomposições, em que o silêncio e a invisibilidade são também táticas contra a dominação, reinscreve na história o que foi negado pela razão moderna e permite o reconhecimento e a produção de novas formas de racionalidade: "a região fronteiriça é o lugar de um potencial epistemológico desejado que se manifesta no 'desconforto'" (Idem). A configuração de uma razão subalterna se relaciona ao reconhecimento da irredutibilidade da diferença epistemológica, que não pode ser narrada, não pode ser reduzida a um objeto de conhecimento distanciado dos sujeitos e das relações efetivas em que se desenvolvem. Os sujeitos precisam ser ouvidos em sua diferença como participantes de relações socioculturais nas quais se produzem conhecimentos válidos.

Esse reconhecimento é parte de luta/conquista cotidiana, em que os sujeitos se mimetizam, encobrem sua alteridade, ocultam nas sombras seus saberes e indagações, confrontam (im)possibilidades, negam percursos, impedem processos, formulam projetos, negociam sentidos, se valem de diferentes táticas para deixar indícios de sua presença colocando em relação diferentes enunciados e lhes atribuindo novas significações. O que se produz muitas vezes não se pode inserir nas matrizes explicativas consolidadas, sendo frequentemente intocável, inapreensível, mas perceptível. Este movimento cria meios para a incorporação dos sujeitos em suas descontinuidades, cisões e conflitos — formas ambivalentes de identificação — aos processos de mudança política.

Outro horizonte se anuncia com a compreensão de ser preciso abandonar o ideal de reprodução de "universais abstratos" e assumir a "fragmentação como projeto universal". A diferença, as margens, a intensa relação periferia/centro, a alteridade, o diálogo, a oposição, o confronto, a negociação, o hibridismo vão indicando a impossibilidade de organizar o mundo em dicotomias, propondo que se assuma o "pensar a partir de conceitos dicotômicos" (Mignolo, 2003, p. 125). As histórias narradas e os conceitos construídos para instituir a diferença cultural e mapear a diferença colonial são recontextualizados e ressignificados.

Essa teorização é uma ação específica da razão subalterna, coexiste com o colonialismo e empreende um esforço no sentido de autonomia e libertação em todos os âmbitos da vida. Tem como fio articulador a crítica contundente aos processos de subalternização: parte da experiência subalterna para transformar as relações de subalternidade. Neste sentido, demanda um reencontro entre lugar de teorização e lugar de enunciação, evidenciando mais uma vez a transitoriedade da fronteira e sua potência como lugar de trânsito. Recoloca o papel da escola pública das classes populares e cria outras expectativas para a ação das classes populares na escola, pois a transmissão precisa ser substituída pela cooperação permanente na (re)formulação dos sentidos da escola e, consequentemente, de suas práticas: aporta elementos à produção da escola pública como espaço de educação popular.

A dimensão metodológica[5] também se redimensiona a partir da ruptura com as metanarrativas, constituídas por trajetórias unívocas e homogeneizadoras, apresentadas através de episódios exemplares do passado que conduzem ao presente e se direcionam à posteridade. A multiplicidade de textos, fatos, sujeitos e lugares de enunciação que passam a disputar legitimidade convida ao abandono da teoria como expressão da verdade única e inequívoca e do método como caminho seguro para alcançá-la.

É importante ressaltar que não se trata de abandonar a teoria ou reduzir sua importância, mas de transformar seu significado para alcançar maior consolidação da própria teoria, produzida em processos de negociação. O diálogo que tece a teoria se enreda pela interação entre o conceito e a evidência, em que são entrelaçados âmbitos diferentes, como fator, informações e formulações populares. Articula-se à ideia de senso comum renovado, proposto por Boaventura Santos, e se inscreve no que este mesmo autor vem apresentando como *uma ciência prudente para uma vida decente* (Santos, 2000).

---

5. Para maior aprofundamento sobre a questão metodológica, ver Garcia (2003).

O método, assim pensado, não pode presumir a tradução do sujeito em objeto de conhecimento a ser medido, descrito, classificado e controlado; precisa se compor em trajetos compatíveis com a diferença, e a alteridade mostra-se uma noção fundamental ao trabalho empreendido. O *Outro* deixa de ser *o bom objeto de conhecimento, o dócil corpo da diferença* (Bhabha, 1998, p. 59), para se tornar sujeito de articulação de significados, numa trama intersubjetiva em que reflexão e ação dialogam constantemente. Esta perspectiva metodológica coloca sob suspeição os modos como os sujeitos escolares vêm sendo incorporados à dinâmica pedagógica e indica outras possibilidades constituídas na participação que enfatiza a comunidade como espaço de articulação de projetos e significados em relações de reciprocidade com outros contextos.

A redefinição política e metodológica anunciada implica transformações profundas e tensas e dialoga com a cortante pergunta de Spivak:[6] "Pode o subalterno falar?".

Pergunta incontornável quando se vive uma escola que permite e estimula o ingresso de sujeitos aos quais nega em muitas de suas práticas cotidianas, enquanto os sujeitos lutam e negociam por seus direitos à enunciação — muitas vezes mimética, sempre atravessada pela transformação. Pergunta que traz em si a ambivalência desse processo que articula práticas que distanciam os sujeitos das classes populares dos resultados considerados exitosos; uma escola que não se reconhece em sua própria vida cotidiana, por ser diferente do modelo desejado e, portanto, interpretada como desordenada e desprovida de qualidade.

Na escola, a diferença emerge, mas sua ambivalência não permite percebê-la como lugar de interdição que alimenta a possibilidade de que o *outro* siga sendo narrado sem assumir para si o processo de narrar-se. Mas também é no cotidiano escolar que os sujeitos híbridos, marginalizados, impossíveis de ser enquadrados nas normas e nos nomes escolares vão deixando suas marcas, pistas de sua presença, e introduzindo na narrativa algumas das questões, processos, histórias, demandas, possibilidades que não podem narrar. Invisibilidade, silêncio e negociação: táti-

---

6. Citada por Mignolo (2003).

cas para fazer da ausência sua presença. Nos históricos índices de fracasso escolar está a histórica luta das classes populares pela escola; não uma escola qualquer, mas uma escola em que a educação popular faça sentido, comprometida com a razão subalterna (Garcia e Zaccur, 2008; Esteban, 2006; Sampaio, 2008).

Negar/permitir, convidar/expulsar, dar voz/silenciar, desejar/repelir, mostrar/ocultar, fios de um tecido ambivalente que faz do inacabamento elemento articulador do cotidiano escolar atravessado pelos diferentes conhecimentos socialmente produzidos.

A compreensão do conhecimento como processo e não como dado impele à apreensão da complexidade da função da escolarização, que não se restringe à mera *transmissão dos conhecimentos socialmente relevantes às novas gerações*. Cada estudante, professor ou professora que chega à escola a experimenta de modo singular e traz/leva consigo uma miríade de conhecimentos, cujos fragmentos são ecos da produção da humanidade e inserem no discurso escolar cotidiano muito mais do que o previsto e indicado no currículo prescrito. A escola é espaço de produção de conhecimentos múltiplos, não se limita à reprodução de um conjunto fixo de conteúdos disciplinares, linear e hierarquicamente ordenados.

Essa proposição expõe a escola, em sua singularidade, como espaço de enunciação, não somente como instituição social, e propõe novas configurações à relação *práticateoriaprática*. Esta escola se redefine, interroga as práticas institucionalizadas, busca desenhar novos projetos mais coerentes com as demandas e possibilidades dos sujeitos que a constituem. Através de suas práticas se confronta cotidianamente com sua posição periférica, com sua marginalização como lócus de enunciação e de produção de conhecimentos e como efeito dos segmentos sociais que a constituem. Ao enfrentar seus problemas cotidianos, reconhece e valida seu contexto e se compromete com novos percursos que produzam qualidades outras, indo além da reprodução de determinados conhecimentos, padrões culturais, projetos de vida, modos de ensinar e aprender. Esta escola, embora frequentemente desqualificada pelo desempenho insuficiente que expressa, guarda em suas sombras e silêncios indícios de articulação de novas possibilidades, talvez em concordância com a *razão subalterna*.

Onde está esta escola?

Onde está esta escola em que o subalterno pode falar?

Onde está esta escola que se vincula à produção da razão subalterna para que a subalternidade deixe de existir?

Está em todas as escolas e em nenhuma delas. É parte das tensões e tecelagens cotidianas e se articula em alguns momentos, por algumas práticas, para alguns professores ou professoras, alguns estudantes ou alguns de seus responsáveis. Ocupa os interstícios, se hibridiza em uma realidade parcial ou dupla. Articula-se para se desarticular em seguida, muitas vezes sem que se perceba sua existência. Está na ausência, no indefinido, no ambivalente, nas fraturas, nas astúcias, embora algumas vezes consiga se anunciar em projetos mais duradouros, mais consistentes, mais visíveis, como nos contam algumas professoras ao relatarem suas práticas.

A avaliação é uma das práticas pedagógicas em que permanência e mudança convivem. A avaliação classificatória só pode se realizar tendo como referência um único padrão de conhecimento e de percurso de aprendizagem válido, constituído a partir do que é definido como cultura legítima. Porém, ao lidar com a diferença, necessariamente presente no cotidiano escolar, a avaliação emerge como discurso ambivalente que atua no sentido da normalização proposta pelo projeto escolar e como um dispositivo que pode expressar a diferença cultural.

A avaliação trabalha com as relações visibilidade/invisibilidade e silêncio/voz. Para avaliar é preciso que o sujeito avaliado se expresse, mesmo havendo forte controle dessa expressão, traz marcas da cultura como produção multifacética, entrelaçada às relações de poder. Essa dinâmica afeta especialmente a avaliação educacional, pois, simultaneamente expõe a inconsistência da avaliação classificatória para o processo *aprendizagemensino* e amplifica sua presença na regulação do trabalho escolar para enquadrá-lo nos padrões produtivistas de qualidade, no qual se definem lugares onde posicionar cada estudante.

Sem poder abandonar a função reguladora da avaliação e preocupadas com a aprendizagem das crianças, algumas professoras vêm produzindo modos diferentes de relacionar avaliação e regulação da aprendizagem, proposta tecida pela compreensão da noção de fronteira como lugar de trânsito, com demarcação transitória, sendo, portanto, impossível uma definição que fixe o *outro*, como pretendem as práticas classificatórias. Tanto as práticas como os sujeitos estão em permanente movimento, o que faz com que toda descrição, como todo conhecimento, seja parcial e provisória.

No cotidiano da sala de aula, encontramos experiências de professoras[7] preocupadas em fazer da avaliação uma dinâmica de reflexão das crianças sobre seus próprios processos de aprendizagem. Portanto, atuam no sentido de incorporar a regulação como parte do processo de democratização do conhecimento: as crianças fazem relatórios sobre seu movimento de aprendizagem, discutem as propostas de atividade que lhes são feitas, discutem entre si os relatos feitos e fazem propostas para a continuidade de seu trabalho e de seus colegas.[8] Com esses procedimentos, buscam enfatizar a dimensão dialógica da avaliação, trazer as vozes infantis para as práticas cotidianas, colocar seus conhecimentos e seus modos de compreender os conteúdos escolares como objetos de estudo.

Embora seus alunos e alunas nem sempre alcancem os índices de desempenho esperados nos exames, mostram, no cotidiano, a ampliação dos seus conhecimentos e de sua capacidade de *aprenderensinar* enquanto vão aprendendo a observar e compreender a dinâmica pedagógica de que participam, para nela também intervir. As professoras, ao dialogarem com as crianças e estimularem o diálogo entre as crianças, trazem possibilidades reais para se pensar as práticas escolares como processos complexos, tecidos por oposições, fragmentações, múltiplas possibilidades — presentes ou apenas enunciadas.

No diálogo, algumas crianças se evidenciam sujeitos que expõem permanentemente a constituição de *entre-lugares* que, por sua fluidez, impedem a demarcação de barreiras que a classificação demanda. As

---

7. As professoras atuam em escolas públicas, nos anos iniciais de escolarização, e participam da pesquisa "A reconstrução do saber docente sobre avaliação: articulando a comunidade escolar na construção de práticas emancipatórias", que coordeno com financiamento do CNPq.

8. Sobre essa questão, ver também o artigo de Carmen Sanches Sampaio neste livro.

professoras procuram não negar essas crianças por sua distância do modelo escolar de infância, mas acolhê-las. As práticas realizadas estão imersas na colonialidade, reconhecendo a produção cotidiana da escola como luta, buscam métodos (meios para) que possam dar consequência à resposta: *sim, aqui o subalterno pode falar*. Ao menos algumas vezes, em espaços conquistados...

Nas pequenas ações cotidianas e nas práticas que fazem coexistir com a avaliação classificatória criam situações em que os estudantes, em seus movimentos para aprender não se desfazem de seu hibridismo e mostram seu descontentamento, seu incômodo dentro dos significantes que são obrigados a utilizar quando executam o papel no qual estão inscritos, mas, ao executá-lo, introduzem uma torção, um matiz, que é, no fundo, uma marca velada de desacato e rastro de sua insatisfação. As professoras procuram tomar essa expressão — muitas vezes apresentada como desordem, insubordinação ou incapacidade — como necessária à compreensão das dinâmicas próprias às classes populares e as interpretam como pistas para as propostas pedagógicas que fazem em seu cotidiano.

Suas práticas são pequenos momentos, quase invisíveis para além de suas salas de aula, coerentes com as demandas por explicitação das relações entre conhecimento, significado e poder que colocam em discussão os limites que demarcam os conhecimentos válidos, os processos de sua legitimação, bem como as práticas que permitem/dificultam sua socialização e produção. Não afirmo que com tais práticas as professoras rompam completamente com a avaliação classificatória, mas que elas expressam a insuficiência e a ambivalência desse discurso para a relação *aprendizagemensino*. Ao experimentarem mudanças no processo, exploram a ambivalência da avaliação e fortalecem o movimento de ruptura com sua dimensão excludente.

A partir do cotidiano escolar como espaço de enunciação, colocam em discussão a ideia de que as crianças que não se enquadram no modelo escolar apresentam dificuldade de aprendizagem e se desafiam a compreender como elas aprendem. Essa compreensão só é possível através do diálogo com as próprias crianças. Assim, estabelecem uma parceria em que, para ensinar, também precisam aprender. O diálogo entre as professoras e as crianças no cotidiano escolar dá visibilidade e indaga o processo que faz com que os que os estudantes, cujos movimentos de aprendizagem são percebidos como caóticos, sejam postos em um lugar de exclusão por não se adaptarem aos lugares predefinidos no cotidiano escolar. Os percursos produzidos nessas salas de aula oferecem indícios de que frequentemente o que se considera *não aprendizagem* são outros modos de realização e de expressão da aprendizagem.

Muitas experiências cotidianas e importantes vertentes da produção teórica expressam a relevância das práticas escolares para a reconstrução dos percursos escolares e dos resultados desfavoráveis para as classes populares. O cotidiano das escolas públicas que recebem crianças das classes populares exige diálogo constante com as margens, com os sujeitos insignificantes que emergindo delas transitam na escola, com as práticas negadas, com os resultados não celebrados. A ambivalência dos projetos formulados e dos processos vividos fortalece o desafio de se enfrentar a complexidade cotidiana em que se produz o fracasso, olhando o seu avesso para fazer emergir os fios que tecem o êxito como uma possibilidade articulada à dinâmica social de ruptura com as relações de subalternização.

Referências bibliográficas

BHABHA, H. Ética e estética do globalismo: uma perspectiva pós-colonial. In: RIBEIRO, A. P. (Org.). *A urgência da teoria*. Lisboa: Tinta da China, 2007.

_____. *O local da cultura*. Belo Horizonte: UFMG, 1998.

BLOCH, E. O *princípio esperança*. Rio de Janeiro: Contraponto / Ed. Uerj, 2005.

CERTEAU, M. *A invenção do cotidiano*: artes de fazer. Petrópolis. Vozes, 1994.

COLLARES, C.; MOYSÉS, M. A. *Preconceitos no cotidiano escolar*: ensino e medicalização. São Paulo: Cortez, 1996.

DUBE, S. *Pasados poscoloniales*. México: El Colegio de México, 1999.

DUSSEL, E. *Ética de la liberación*: en la edad de la globalización y de la exclusión. Madri: Trotta, 2006.

ESTEBAN, M. T. Sala de aula — dos lugares fixos aos entrelugares fluidos. *Revista Portuguesa de Educação*, Universidade do Minho, v. 19, n. 2, 2006.

_____. *O que sabe quem erra? Reflexões sobre avaliação e fracasso escolar*. 2. ed. Rio de Janeiro: DP&A, 2002.

FOUCAULT, M. *É preciso defender a sociedade*. Lisboa: Livros do Brasil, 2006.

FREIRE, P. *Pedagogia do oprimido*. 10. ed. Rio de Janeiro: Paz e Terra, 1981.

GARCIA, R. L. (Org.). *Método. Métodos. Contramétodo*. São Paulo: Cortez, 2003.

_____; ZACCUR, E. *Alfabetização*: reflexões sobre saberes docentes e saberes discentes. São Paulo: Cortez, 2008.

GINZBURG, C. *Mitos, emblemas e sinais*. São Paulo: Companhia das Letras, 1991.

MIGNOLO, Walter. *Histórias locais/Projetos globais*. Belo Horizonte: UFMG, 2003.

_____. Os esplendores e as misérias da "ciência": colonialidade, geopolítica do conhecimento e pluri-versalidade epistêmica. In: SANTOS, B. de S. (Org.). *Conhecimento prudente para uma vida decente*: um discurso sobre as ciências revisitado. Porto: Afrontamento, 2006.

PATTO, M. H. S. *A produção do fracasso escolar*. São Paulo: T. A. Queiroz, 1991.

SAMPAIO, C. S. *Alfabetização e formação de professores*. Rio de Janeiro: WAK Editora, 2008.

SANTOS, B. de S. *A gramática do tempo*: para uma nova cultura política. Porto: Afrontamento, 2006.

_____. *Crítica da razão indolente*: contra o desperdício da experiência. São Paulo: Cortez, 2000.

SKLIAR, C. *Pedagogia (improvável) da diferença*: e se o outro não estivesse aí? Rio de Janeiro: DP&A, 2003.

3

Relações de aprendizagem (e ensino) na escola de Ensino Fundamental: (in)temporalidades da participação na avaliação pedagógica

Carmen Sanches Sampaio*

> *A ideia de temporalidade disjuntiva cria outro tempo no que se refere à presença do outro.*
>
> *Já não é, não pode ser, aquele tempo mítico a partir do qual o outro existe porque sua existência é reconhecida, porque é aceito, cotejado, comparado, excluído e/ou incluído, tolerado, examinado, respeitado, considerado etc. O outro, aqui, sempre esteve, mas em um tempo talvez diferente daquele que percebemos; suas histórias, narrativas, sua própria percepção de ser outro, não obedece de forma submissa à nossa ordem, à nossa sequência, à nossa determinação cronológica do tempo [...]*

---

* Professora adjunta da Escola de Educação da UniRio (Universidade Federal do Estado do Rio de Janeiro), pesquisadora dos grupos de pesquisa: Alfabetização dos Alunos e Alunas das Classes Populares (Grupalfa/UFF) e Práticas Educativas e Formação de Professores (GPPF/UniRio).

*É um outro que problematiza nosso próprio tempo e nossa
própria elaboração e organização da temporalidade.*

CARLOS SKLIAR

*Grande é a poesia, a bondade e as danças...
Mas o melhor do mundo são as crianças...*

FERNANDO PESSOA

Realizei um acompanhamento longitudinal de um mesmo grupo de crianças, do 1º ao 5º ano de escolaridade do Ensino Fundamental, em uma escola pública no Rio de Janeiro. Com esse grupo, formado por uma criança surda e crianças ouvintes,[1] uma professora surda e uma professora ouvinte, duas alunas bolsistas de Iniciação Científica,[2] experienciamos o desafio cotidiano de investir na construção de ações pedagógicas (e avaliativas) que não neguem o outro — as crianças — em seus modos de ser, de pensar e de aprender. Mas, mais do que ouvir as crianças no que têm a dizer sobre o processo de ampliação de conhecimentos vivenciado, individual e coletivamente, pelo grupo, foi preciso vivenciar o aprendizado de reconhecer como legítimo o que dizem, garantindo-lhes efetiva participação nos processos decisórios no sentido de *transformar relações de poder desigual em relações de autoridade partilhada* (Santos, 2006).

No dia a dia da sala de aula, os diferentes modos de aprender, de compreender o ensinado e o discutido com as crianças mostram-nos trajetórias variadas e singulares vivenciadas por elas. Diferença. Sempre diferença, e não igualdade de caminhos, aprendizados, conhecimentos,

---

1. É importante precisar que neste texto denominamos crianças ouvintes e professoras ouvintes aquelas que têm a audição perfeita, reafirmando a convivência na sala de aula entre professoras e crianças diferentes nesse aspecto.

2. Alunas de Iniciação Científica/Cnpq vinculadas ao projeto de pesquisa: "A formação da professora-pesquisadora no exercício da docência e a construção cotidiana de uma escola inclusiva e democrática" (Departamento de Pesquisa/UniRio, 2004-08), coordenado por mim.

desconhecimentos, conforme aprendemos. Possamos compreender ou não, o processo de aprendizagem/ensino é constituído pela diferença, *pela responsabilidade frente à singularidade e alteridade do outro* (Skliar, 2007). Entretanto, a concepção classificatória de avaliação, bastante discutida e criticada, ainda é hegemônica nas ações avaliativas realizadas diariamente no cotidiano escolar. Constituída na perspectiva da homogeneidade, abre espaços para a comparação a partir de padrões definidos previamente e para a classificação dos alunos (e alunas) em *maduros* ou *imaturos*; calmos ou agitados; rápidos ou lentos; capazes ou incapazes; fortes ou fracos; autônomos ou dependentes; bons ou ruins; os que sabem e os que não sabem; os que têm facilidade e os que têm dificuldades; os que acompanham ou não acompanham a turma...[3] O movimento de apropriação de conhecimentos e as relações estabelecidas durante o processo de ensinar e aprender que não se revelam imediatamente são menosprezados e desconsiderados. Avalia-se a partir dos conhecimentos previamente considerados relevantes pela professora e/ou pela escola, de modo que processos, percursos, ritmos, lógicas e resultados diferentes dos esperados pela "norma" são compreendidos como ausência de aprendizagem.

A valorização dos conhecimentos "assimilados" pelos alunos e alunas, a partir do que foi ensinado/transmitido pela professora, além de revelar a concepção mecanicista de aprendizagem subjacente à prática pedagógica, torna visível uma noção de avaliação da aprendizagem descomprometida com a ampliação permanente de conhecimentos e com o *processo* de aprendizagem/ensino, pois as atenções centram-se no "produto", nos *resultados* do ensino.

Nessa perspectiva teórica, as respostas "certas" (satisfatórias) dadas às questões perguntadas são "as aprendizagens" realizadas pelos alunos e alunas. Consequentemente, as respostas erradas (insatisfatórias) passam a significar o *não saber* sinalizando a inexistência de conhecimentos. Certo e errado, saber e não saber, compreendidos como antagônicos, recebem va-

---

3. Oposições binárias bastante familiares no cotidiano da escola, compreendidas como óbvias. Um modo dualista de se relacionar com o conhecimento, com o processo de aprender/ensinar, com os sujeitos, consigo próprio... Modo aprendido com a ciência moderna clássica. É imprescindível não esquecer que *nessas oposições, o primeiro termo define a norma e o segundo não existe por si mesmo, a não ser como imagem velada, negativa, do primeiro* (Skliar, 2007).

lores opostos — positivo e negativo. O acerto (saber) passa a ser perseguido; o erro (não saber), evitado; e o processo de construção, ampliação e aprofundamento do conhecimento, neglicenciado. A perspectiva de homogeneização uma vez enaltecida ignora as diferenças reveladas no processo pedagógico experienciado, cotidianamente, pelos estudantes e professores/as.

Entretanto, essa perspectiva avaliativa, fortemente delineada pela regulação/exclusão, embora hegemônica na sociedade e no cotidiano escolar, convive e polemiza com o compromisso emancipatório/includente da avaliação como *prática investigativa* (Esteban, 1999). Uma concepção ainda frágil e facilmente abafada por práticas avaliativas que discriminam e hierarquizam sujeitos, saberes, modos de ser e de aprender. Porém, por fazer parte dos múltiplos conhecimentos, crenças, valores e interesses enredados (e entrelaçados) na complexidade do cotidiano escolar, mesmo incipiente, ao se fazer presente gera questionamentos, deslocando para o lugar da dúvida os modos usuais de fazer e pensar a ação avaliativa, fortemente marcada pelas práticas de exclusão.

Pensar e praticar uma escola que a todos — crianças, professores e professoras — ensine significa, do meu ponto de vista, combater o *desperdício da experiência* investindo, como nos provoca Boaventura de Sousa Santos (2006), na *expansão do presente* e *na contração do futuro*.

Valorizar os saberes e fazeres construídos com as crianças no dia a dia da sala de aula. O que acontece nesse *espaçotempo*? Tornar o presente mais significativo como campo permanente de descobertas: o que sabem/ ainda não sabem as crianças com as quais trabalhamos? Como valorizar os saberes ainda frágeis, mas potencialmente fortes? Que estratégias pedagógicas usar de modo a ampliar os conhecimentos infantis? Como, com elas lidar, sem desconsiderá-las? Sem desqualificar seus modos (legítimos) de estar e intervir no mundo? Sem acreditar que o presente — muitas vezes marcado pelo "desconhecimento", pela ausência de direitos — não determine, de modo inexorável, seus futuros? Aprender a cuidar do presente para investir em possibilidades futuras. Um aprendizado necessário na construção de uma escola cuja prática cotidiana contribua efetivamente para a *emancipação social*.

Nesse sentido, o foco desse texto se define — socializar e colocar em discussão limites e possibilidades de uma experiência pedagógica comprometida com um processo pedagógico (e práticas avaliativas) mais democrático, legitimando as crianças, crianças das classes populares *como sujeitos que têm poder na relação pedagógica* (Esteban, 2008b). Experiência[4] constituída por histórias singulares de estudantes e professoras — do Ensino Fundamental e universidade —, que, de modo (com)partilhado, vêm aprendendo e ensinando uns aos outros, em um tempo aparentemente linear e efetivamente múltiplo e descontínuo.

Ações docentes que investem, cotidianamente, em uma escola como *espaçotempo* privilegiado de aprendizagens, uma escola mais acolhedora, solidária e mais justa. Mas precisamos aprender a vê-las de modo a *combatermos o desperdício da experiência, tornando visíveis as iniciativas e os movimentos alternativos dando-lhes credibilidade* (Santos, 2006).

No cotidiano escolar, a construção diária de um processo pedagógico/alfabetizador mais democrático e participativo

A professora ouvinte da turma que acompanhei, Ana Paula, vem, há alguns anos, com algumas outras colegas da escola, estudando, discutindo e investigando a própria ação pedagógica a partir do movimento de partir da prática, teorizar sobre essa prática retornando à prática de modo a ampliar os modos de compreendê-la e praticá-la. Faço parte desse grupo como pesquisadora-formadora[5] vinculada à universidade.

Nesse processo, Ana Paula e algumas de suas colegas, com seus *conhecimentos* e *desconhecimentos*, têm cada vez mais se empenhado em

---

4. Compreendida aqui no sentido atribuído por Larrosa (2008, p. 186): *a experiência não é outra coisa senão a nossa relação com o mundo, com os outros e com nós mesmos. Uma relação em que algo nos passa, nos acontece.*

5. Trabalhei por mais de dez anos nessa escola. Em 1996 fui para a universidade, mas mantive o vínculo com a escola e professoras. Temos, de modo (com)partilhado e coletivo, investido na construção cotidiana de uma escola pública que garanta que os alunos e alunas das classes populares possam aprender, se alfabetizar, usando a linguagem escrita com autoria e criticidade.

garantir o aprendizado da linguagem escrita a todos os alunos e alunas. Procuram, no dia a dia da sala de aula, criar um clima de confiança e reconhecimento dos saberes e *ainda não saberes* (Esteban, 1999, 2003 e 2008a) das crianças. Esse movimento tem aberto possibilidades para o aprendizado de que o erro, mais que o acerto, fornece pistas sobre maneiras singulares dos alunos e alunas elaborarem e construírem conhecimentos. Maneiras que revelam caminhos desconhecidos, trajetos não legitimados ou esperados por nós, professoras e pesquisadora-formadora, provocando dúvidas em nossas certezas. Nesse processo, temos aprendido a reconhecer os *saberes* e *ainda não saberes* presentes tanto nos erros como nos acertos das crianças. Compreendê-los como parte do processo de construção de conhecimento possibilita questionarmos a oposição erro/acerto, marcada pela dicotomia não saber/saber, ainda tão presente no modo como aprendemos a pensar a prática pedagógica. Aprendemos com Maria Teresa Esteban (2000, p. 5-6), bastante presente em nossas discussões, que:

> Toda resposta, certa ou errada, se compõe de conhecimentos e desconhecimentos, indica tanto o que se sabe quanto o que ainda não se sabe. O erro é um elemento precioso para se escutar os que são historicamente silenciados e postos no lugar da negação, da impossibilidade, da incapacidade, do fracasso. A incorporação do erro em sua positividade favorece a busca de novos e mais profundos conhecimentos.

O movimento de interrogar a própria prática, no diálogo prática/teoria/prática, permitiu que algumas professoras fossem compreendendo não ter sentido *dividir e classificar as crianças* segundo seus saberes e não saberes, pois conhecimentos diferentes circulam na sala de aula. As crianças vivenciam processos diversos, revelando-nos trajetórias variadas e singulares em seus modos de aprender. Logo, passa a não ter sentido selecionar os que não *acompanham a turma; os mais fracos; os que têm dificuldades para aprender; os que possuem problemas de aprendizagem; os que não leem e não escrevem ou não realizam as atividades com autonomia; os que precisam de um acompanhamento especializado,* conforme ainda insiste a escola, nos Conselhos de Classe.

As discussões e estudos realizados abrem áreas flexíveis das crenças à possibilidade de desconstrução. Esse processo tem impulsionado algumas professoras dessa escola a (re)pensar e a refletir sobre a prática pedagógica/alfabetizadora desenvolvida cotidianamente, trazendo para o centro das discussões o exercício da dúvida sobre a ação avaliativa.

Alguns questionamentos foram, aos poucos, tornando-se mais frequentes e recorrentes: como avaliar sem desqualificar os saberes das crianças, principalmente as das classes populares? As aprendizagens realizadas pelas crianças, as das classes populares, são as valorizadas e legitimadas pela escola? Como fazer para envolver as crianças no processo de avaliação? Para tornar esse processo mais dialógico, democrático, participativo? Como avaliar, afastando-se de um padrão predeterminado de saberes que precisam, em determinado tempo escolar, ser aprendidos e ensinados? Como avaliar elegendo como referência o processo de ensino/aprendizagem em vez dos "resultados" desse processo? Quais conhecimentos priorizar? Quais devem ser valorizados? Quem os define? Nessa perspectiva, quem deve ser avaliado? Quem avalia quem? Que instrumentos (e procedimentos) adotar? Como traduzir em ações pedagógicas a compreensão de que a diferença, constitutiva do processo de aprendizagem (e ensino), não é sinônimo de deficiência podendo, portanto, enriquecer esse processo?

— Tia, eu fiz sozinha!

Sara, uma das alunas de Ana Paula e Renata Ferreira (professora surda), escreveu em sua autoavaliação (cujo texto é transcrito do modo como foi produzido):

> (...) eu meço 9,0
> poque eu sou esfoçada pelu trabalho
> para aprende ler.

Estávamos em maio de 2006, no final do primeiro bimestre, 3º ano de escolaridade do Ensino Fundamental.

Sara, uma criança de classe popular, chega nessa turma em 2005 como repetente do 2º ano de escolaridade. Criança de sorriso tímido, desconfiada, de olhar cabisbaixo. No momento de realizar as atividades, dizia não saber fazer. Não lia. Copiava. Não utilizava a linguagem escrita para dizer o que pensava (e sentia) sobre o vivenciado e discutido, coletivamente, na (e com a) turma.

As crianças, nessa turma, são compreendidas como sujeitos de conhecimento. Possuem modos singulares de ser, pensar, fazer, aprender e viver. Têm voz, direitos e deveres. Crianças capazes de intervir nos projetos pensados e praticados no dia a dia da sala de aula, concordando, discordando, sugerindo possibilidades ainda não pensadas pelas professoras. Crianças que aprendem e ensinam. Mas Sara observava mais do que falava. Parecia acreditar muito pouco em si mesma. Ocupava o lugar de quem não sabia, não podia. Um modo aprendido de ser e estar no mundo.

Boaventura de Sousa Santos, na discussão que realiza sobre a *Sociologia das Ausências*, nos instiga a pensarmos nesse modo aprendido de ser da Sara e de tantas outras crianças e jovens das classes populares. Ele afirma que *muito do que não existe em nossa sociedade é produzido ativamente como não existente [...] como uma alternativa não crível, como uma alternativa descartável, invisível à realidade hegemônica do mundo* (2007, p. 28-29). Os saberes das crianças das classes populares e as próprias crianças são, muitas vezes, desconsiderados, ignorados e não (re)conhecidos pela escola. Um modo aprendido de compreender e lidar com essas crianças e jovens.

No dia a dia da sala de aula Sara era, todo o tempo, provocada a participar e a realizar as atividades propostas. Ajudada pelas próprias crianças, pelas professoras, pelas alunas-bolsistas ou por mim, ia aos poucos percebendo que, naquela sala de aula todos eram ajudados e ajudavam. E, nesse processo, ajudada pelo outro, Sara realizava o que, naquele momento, sozinha, ainda não conseguia fazer. Para uma de suas professoras, Ana Paula, fazer com ajuda faz parte do processo de aprender, pois, há algum tempo, o conceito desenvolvido por Vygotsky (1989)

— *zona de desenvolvimento proximal* — é referência em sua prática pedagógica cotidiana.

O investimento nos *ainda não saberes* dos estudantes — conhecimentos prospectivos, ainda inexpressivos, mas potencialmente presentes — pode contribuir para criar, no cotidiano da sala de aula, um clima de confiança na capacidade de aprendizagem de todos, e não apenas de alguns ou da maioria dos estudantes (Sampaio, 2008). Ana Paula sabia disso. Por essa razão, ações e relações que têm a coletividade, a cooperação e a solidariedade como princípios subsidiavam o processo de ensino/aprendizagem experienciado na sala de aula, no sentido de tornar *presente* o que tem sido produzido como *ausente* — os saberes e conhecimentos (alguns, ainda incipientes) das crianças das classes populares.

Por acreditar que as crianças constroem conhecimentos por ritmos e caminhos muitas vezes diferentes dos esperados pela escola e, também, por ela, Ana Paula, e de que precisam ser protagonistas nesse processo, procurava ficar atenta aos percursos de aprendizagem vivenciados, coletiva e individualmente, pelas crianças; procurava perceber as aprendizagens já realizadas e as ainda não realizadas por seus alunos e alunas. E, à medida que melhor compreende a complexidade constitutiva desse processo, vai se capacitando para interferir de um modo mais favorável na aprendizagem de todas as crianças. Vai, principalmente, se desafiando a reconhecer e a legitimar os *trajetos sinuosos, múltiplos, indefinidos e imprevisíveis, característicos da aprendizagem*, que, de um modo geral, *vão sendo excluídos da dinâmica pedagógica, na medida em que vão recebendo valores negativos, enquanto são estimulados, pelos valores positivos a eles atribuídos, aqueles percursos que se assemelham ao previsto* (Esteban, 2003).

Sara, apesar de ter chegado ao final do 2º ano de escolaridade, cursado pela segunda vez, sem se apropriar da linguagem escrita, não foi reprovada. Ana Paula defendeu sua aprovação valorizando seus conhecimentos, sem escamotear os desconhecimentos. Indicou possibilidades de atuação docente no sentido de alimentar o processo de aprendizagem vivido pela aluna. Investiu em sua capacidade para aprender abrindo possibilidades para que também acreditasse em si própria. Investiu nas *possibilidades da emergência*.

"Tentaremos ver quais são os sinais, as pistas, latências, possibilidades que existem no presente e que são sinais do futuro, que são possibilidades emergentes e que são 'descredibilizadas' porque são embriões, porque são coisas não muito visíveis" (Santos, 2007, p. 37).

Para quem aprendeu a avaliar tendo como referência a homogeneidade que provoca ações avaliativas pautadas na comparação, classificação e exclusão, é um desafio investir nas *possibilidades de emergência*, nos *embriões* de saberes presentes nas produções infantis.

A defesa pela aprovação da Sara, no Conselho de Classe, provoca discordâncias: como aprovar uma aluna que ao final do 2° ano de escolaridade não está alfabetizada? Como trabalhar os conteúdos do 3° ano de escolaridade com quem não lê e não escreve? Provoca, também, como nos alerta Esteban (2003), com insistência, possibilidades de reflexão e discussão sobre os *profundos vínculos existentes entre o processo avaliativo e a dinâmica de produção da exclusão/inclusão social*.

Romper com ações avaliativas classificatórias e viver o desafio de praticar a *avaliação como prática de investigação* (Idem) remete-nos, mais uma vez, à discussão realizada por Boaventura de Sousa Santos sobre a necessidade de se pensar e praticar sociologias insurgentes no movimento de reinventar a emancipação social. Segundo ele:

> A razão que é aqui enfrentada pela Sociologia das Ausências torna presentes experiências disponíveis, mas que estão produzidas como ausentes e é necessário fazer presentes. A Sociologia das Emergências produz experiências possíveis, que não estão dadas porque não existem alternativas para isso, mas são possíveis e existem como emergência. (Santos, 2007, p. 38)

E o autor nos alerta ao destacar que *a Sociologia das Ausências e a Sociologia das Emergências vão produzir uma enorme quantidade de realidade que não existia antes* (Idem). De fato, é uma transgressão para essa escola, como tantas outras, aprovar uma aluna como Sara. Impossível não indagar o que teria significado para essa aluna — *uma menina de classe popular, moradora do Morro do Borel, negra, com uma família onde a pouca atenção é dividida com mais três ou quatro irmãos* — ser reprovada, mais uma vez.

Mas, não podemos esquecer:

"Quando o estudante *que-não-aprende* permanece em sua turma e progride na escola, o problema se mantém visível, o que faz da *não apren-dizagem* e da exclusão dos estudantes e de seus saberes questões não re-solvidas plenamente" (Esteban, 2008a, p. 73).

Questões que a escola, coletivamente, não enfrentava. Mas, no dia a dia da sala de aula, Ana Paula não desistiu de Sara, e em uma das ativi-dades cotidianas realizadas pelas crianças, aparentemente sem novidades, um *acontecimento*[6] provoca uma nova relação de Sara consigo mesma, com seus colegas, com o conhecimento... Segundo registro feito por sua professora,

> ela ia ao quadro, verificava se a sua escrita estava correta e depois de ler (principalmente no quadro) me perguntava se o que havia lido era aquilo mesmo. Seu olhar era de espanto principalmente porque estava escrito com a letra cursiva. Ela foi se desafiando sozinha a ler, mas entendendo o que lia, o que fez toda a diferença naquele momento. (Ana Paula, Caderno de Registro, 31/3/2006)

Sara parecia não acreditar no que vivenciava. Estava escrevendo sem ajuda. Estava lendo sem ajuda. Fazer sem ajuda de colegas e professoras representava para ela a evidência da aprendizagem realizada. Não é à toa que diz, *"com a expressão mais feliz [...]: 'Tia, eu fiz sozinha!'"* (Idem).

É necessário ressaltar que para Ana Paula e algumas outras profes-soras dessa escola, *fazer sem ajuda* dos colegas e da professora pode repre-sentar a validação de conhecimentos apropriados a partir da troca com o(s) *outro(s)* — *o outro* —, embora esse *outro* esteja presente na ausência, pois na perspectiva histórico-cultural, referência teórica para essas pro-fessoras, as relações e a história com *os outros* são constitutivas no proces-so de conhecer.

Como já explicitado, Sara faz parte de uma turma em que fazer aju-dado pelo outro faz parte do aprender. Todos podem ajudar. Todos podem

---

6. Acontecimento (na concepção foucaultiana) como a irrupção de uma singularidade única e aguda, no lugar e no momento de sua produção.

ser ajudados. Um modo mais compartilhado e dialógico de construção de conhecimentos é vivenciado por essas crianças e professoras. Não é por acaso que Ana Paula destaca em seu caderno de registro: *escreveu com potencialidade, terminou antes dos outros e depois, como num movimento automático, foi ajudar o Hudson...*

Ao se autoavaliar, no final do primeiro bimestre, no 3º ano de escolaridade, Sara escreveu:

"eu meço 9,0 poque eu sou esforçada pelu trabalho para aprende ler".

De fato, ela se dedicou. Realizava as atividades propostas. Passou a participar das decisões tomadas pelo grupo concordando, discordando, propondo encaminhamentos diferentes. Estava mais alegre, mais confiante. Seu modo de andar passou a ser mais esguio. Olhava-nos com segurança. Interessada pela Língua Brasileira de Sinais (Libras), interagia, cada vez mais, com a professora e colega surdas. A nota que se atribui é coerente com o processo vivenciado por ela. Mas não foi a que prevaleceu.

Ana Paula procurava envolver as crianças no processo de avaliação, pois se empenhava em praticar uma ação avaliativa mais democrática e participativa, com os resultados da avaliação sendo discutidos e negociados por todos (Veiga, 2004). Nesse movimento, as crianças, em um primeiro momento, se autoavaliavam. Depois, realizam o que passaram a denominar de *Roda de Avaliação* — a cada dia, um grupo lia para a turma sua autoavaliação. As crianças e professoras concordavam, discordavam, faziam encaminhamentos e sugeriam alterações na nota atribuída. Mas, nesse momento, a nota reconhecida e válida ainda é a decidida pela professora (ouvinte). E, algumas indagações foram surgindo: qual o sentido da autoavaliação realizada pelas crianças? Por que e para que se autoavaliam? Qual a finalidade das discussões e negociações acontecidas na roda de avaliação? Se a professora da turma é surda, por que avalia apenas a aluna surda?

A distância ainda existente entre o pensado e o praticado revelava-se nas ações cotidianas. Mas a alteração e a ampliação de modos aprendidos de compreender a avaliação distanciando-se, cada vez mais, de uma concepção sob a ótica da homogeneidade não pode ignorar as contradições, os conflitos e os *ainda não saberes*, constitutivos desse processo. Os limites encontrados, uma vez compreendidos como desafios, provocam novas mudanças. É preciso não esquecer:

> "É no cotidiano da sala de aula que a teoria é validada, iluminando a prática e fazendo-a avançar, confirmando-se ou sendo negada pelas evidências empíricas" (Garcia, 2003, p. 23).

Em nossas leituras e conversas sobre o vivido, fomos buscando outros modos de lidar com a participação das crianças no processo avaliativo. Modos mais coerentes com princípios que, teoricamente, já defendíamos: as crianças são sujeitos de conhecimento; a diferença e a dialogicidade são constitutivas da prática pedagógica; logo, os processos avaliativos precisam romper com a classificação e silenciamento dos estudantes. Afinal,

> Quem são os que têm direito a voz na sala de aula? Que histórias podem ser narradas, problematizadas, transformadas, incorporadas positivamente aos discursos pedagógicos? Que palavras podem ser pronunciadas, escutadas, lidas, escritas, apropriadas? Que olhares, gestos, expressões, propostas, recursos atravessam a sala de aula, ampliando e calando vozes? (Esteban, 2008b, p. 45)

Nesse movimento — permeado por conflitos, dúvidas, conhecimentos e desconhecimentos — a autoavaliação, realizada por cada criança, passou a dialogar, efetivamente, com a avaliação da turma (crianças ouvintes e criança surda) e das professoras (ouvinte e surda). A "nota final" torna-se fruto dessa discussão coletiva. O lugar autoritário, tradicionalmente ocupado pela professora, redefine-se com essa ação pedagógica e passa a ser *vivenciado* de modo mais partilhado e, portanto, mais democrático.

As crianças, com e nesse processo, vão se (inscre)vendo, cada vez mais, como sujeitos de direito: argumentam, contra-argumentam, passam a conhecer melhor o próprio processo de aprendizagem, realizado por elas e pelos colegas. Os textos de algumas crianças[7] revelam possibilidades e limites do aprendizado coletivamente experienciado.

Paulo escreve, em sua autoavaliação:

Português — minha maior dificuldade é a pontuação, eu até melhorei um pouco mas preciso diminuir essa dificuldade. Eu gosto de fazer histórias de ação e mais ou menos de terror.

Matemática — tem algumas contas que eu sou bom e outras que eu não sou, como: divisão e subtração porque eu confundo com a adição.

Ao final, destaca: "eu concordo com a observação do grupo e vou mudar minha nota para 9,5".

Suiane, em Português, nos diz:

Eu acho que eu sou um pouco boa em português [...]. Em algumas perguntas eu preciso de ajuda. A professora manda eu ler e isso me faz aprender mais. Eu ajudo as meninas e os meninos nas coisas que eles não entendem. Algumas coisas que eles escrevem errado eu mando eles sentir a boca, por exemplo, com dois erres ou com dois esses.

[...] Eu me dou 7,5. Eu, com a observação do grupo — 9,00.

E, Giovanna:

Português — [...] é uma matéria tão fácil [...] eu aprendi várias coisas: como ler com historinhas. O tipo de história que eu gosto é romance.

Eu acho interessante ler porque eu aprendo a escrever cada vez mais. Foi o português que me ajudou a escrever e ler.

[...] Ciências — ciências eu acho um pouco chato, mas em compensação eu aprendi muitas coisas em Ciências. O que eu acho legal em ciências é os animais e as plantas e etc.

---

7. As produções das crianças, em fotografia digital, fazem parte do *corpus* da pesquisa. Pequenas alterações ortográficas foram efetuadas na reprodução do que escreveram. Esses textos foram produzidos no ano de 2006, quando as crianças estavam no 3º ano de escolaridade do Ensino Fundamental.

Observacão dos outros falou 10, mas eu prefiro 9,5.

Minha nota é 9,5.

Seus textos apontam preferências, *saberes* e *ainda não saberes* sinalizando, para as professoras, o que precisa ser retomado, rediscutido, repensado. Mas, ao ler o próprio texto e ouvir o texto do colega, as crianças vão aprendendo a falar, a ouvir o outro, a se compreender como *legítimo outro* (Maturana, 1999) nas relações de alteridade, pois a relação *entre o eu e o outro* é constitutiva do ser social e histórico que somos, em que cada um é o complemento necessário do outro. O outro pode ver e saber de mim o que eu mesma não consigo. Mas, por outro lado, posso também ver e saber do outro o que ele próprio não consegue ver e saber de si mesmo (Bakhtin, 1997). Investir em relações dialógicas no dia a dia da sala de aula é a possibilidade de explorar diferentes pontos de vista, ou, em um dizer bakhtiniano, explorar essa *visão exotópica do outro* (idem) de modo a enriquecer as relações de aprendizagem/ensino. Como cada criança vê o próprio processo de aprendizagem? Como os colegas e as professoras veem esse processo? O que cada criança tem a dizer sobre o processo vivenciado pelos seus colegas? O que priorizam nesse momento? As relações de amizade? Os saberes presentes? Os saberes ausentes? Os saberes presentes e ausentes? As atitudes em sala de aula? O cumprimento/não cumprimento das tarefas escolares? A nota atribuída?

Esse processo avaliativo — rico, dinâmico, complexo — expõe tensões e conflitos, pois procura se afastar de ações avaliativas, ainda hegemônicas nessa escola, que, ao nomear os alunos e alunas que não aprendem segundo o ritmo e a forma como a norma espera, classificam e identificam *os diferentes*, apagando as diferenças.

É importante assinalar que, muitas vezes, a riqueza e possibilidades desse processo avaliativo, pautado na dialogicidade, numa postura investigativa, numa *solidariedade de preocupações* (Santos, 1998) deixavam de ser exploradas, experienciadas. Por um lado, a preocupação com os "conteúdos" que deviam ser ensinados, em determinado tempo escolar, em todas as turmas do mesmo ano de escolaridade — pressão constante nas (poucas) reuniões pedagógicas —, intensificava uma vivência do tempo cotidiano com as crianças na perspectiva de um tempo-horário, "controlado" e de progressão linear.[8] Por outro, nossas (in)compreensões; o que (ainda) não conseguíamos enxergar, pela (im)possibilidade de enunciar e teorizar em diálogo com o praticado e as con(tra)dições intrínsecas à nossa experiência eram (são) parte desse processo de pensar e praticar modos de aprender/ensinar pautados em princípios de cooperação, participação e solidariedade. Princípios ocultados ou descredibilizados por práticas pedagógicas (ainda) hegemônicas — presentes na escola e na sociedade — cuja referência é o individualismo e a competição. Mas as leituras e conversas[9] que realizamos sobre o experienciado no dia a dia da sala de aula têm aberto possibilidades para que possamos *ampliar as margens de olhar*, de conceber a escola. Aprender a olhar de modo diferente para essa escola, a que temos e vivemos *no sentido de ampliar o presente para incluir nele mais experiências, e contrair o futuro para prepará-lo* (Santos, 2007), é o aprendizado perseguido.

— [...], ele fez a conta de cabeça, tia!

Em uma de minhas idas à sala de aula, as crianças resolviam problemas de matemática. Circulando pela sala observei modos diferentes utilizados pelas crianças para encontrar a metade de 650 gramas (de queijo). Uns recorriam ao algoritmo da divisão, outros ao desenho, e Wendel, para surpresa de seu colega, *fez a conta de cabeça*.

---

8. O tempo linear, concepção temporal que hegemonicamente subsidia as ações pedagógicas no cotidiano escolar, *é uma entre muitas concepções do tempo e se tomarmos o mundo como nossa unidade de análise, não é sequer a concepção mais praticada. O domínio do tempo linear não resulta da sua primazia enquanto concepção temporal, mas da primazia da modernidade ocidental que o adoptou como seu* (Santos, 2006, p. 108, 109).

9. Sempre que podemos, em diferentes lugares — na própria escola, na casa de uma de nós, em um café, na universidade —, conversamos sobre o experienciado com as crianças e sobre o nosso próprio processo de descobertas, dúvidas, aprendizagens. Acreditamos que uma conversa, como nos fala Jorge Larrosa no epílogo do livro de Carlos Skliar (2003), *não é algo que se faça, mas algo no que se entra... e, ao entrar nela, pode-se ir aonde não havia sido previsto... essa é a maravilha da conversa* [...] penso ser esse um dos motivos que nos leva a manter, por quase duas décadas, nossos encontros, nossas conversas...

— *Tia, ele* [o Wendel] *me surpreendeu.*

— Por que, Hudson?

— *Porque ele fez a conta de cabeça, tia!*

Wendel, ouvindo o que disse seu colega, me olha com um sorriso largo, de orelha a orelha, e aponta-me para o que escreveu em seu caderno:

"Eu contei de cabeça.
A metade de 650 é 325".

Wendel estudou com Ana Paula no 1º e 2º anos de escolaridade (na época, classe de alfabetização e 1ª série). Repetiu o 3º e o 4º anos. Em 2007, (re)encontra Ana Paula.

A experiência compartilhada no passado — com essa professora aprendeu a ler e a escrever, contrariando a expectativa de muitas outras professoras da escola — fazia parte do vivenciado no tempo presente. Para Ana Paula, desde o tempo da classe de alfabetização, Wendel não era apenas *a criança que não fazia nada, não sentava, só batia*, conforme constava no relatório elaborado pela professora que com ele trabalhou no ano anterior — na Educação Infantil, cursada na própria escola. Lembro-me da preocupação de Ana Paula, na época, com a alfabetização do Wendel, pois se recusava a escrever e a ler, usando os saberes que já possuía sobre a linguagem escrita. Seus (ainda) não saberes, para ele, ganhavam uma dimensão bastante forte. Aprendeu a ocupar o *lugar da ausência*, da impossibilidade. Era conhecido na escola como o irmão do Wellington — aluno que "não aprendia", com idade avançada para a série cursada, que "não queria nada". A história do irmão mais velho, na escola, parecia determinar o presente vivido e o futuro, ainda por viver, do Wendel.[10]

Um acontecimento, aparentemente rotineiro, experienciado por Ana Paula e Wendel altera essa trajetória. No Caderno de Registro de Ana Paula, no ano de 2002, encontramos:

---

10. Wendel nos fala, com orgulho, do irmão que trabalha como gari, através de vínculo com a Prefeitura do Rio de Janeiro, na comunidade onde mora. Wellington concluiu a primeira etapa do Ensino Fundamental com quase 15 anos. Não foi encaminhado, na época, para o ensino supletivo, no turno da noite, devido, em grande parte, ao trabalho realizado por uma professora alfabetizadora, Margarida dos Santos, no Projeto Lendo e Escrevendo (vide Sampaio, 2008).

Logo no início do ano, debrucei-me sobre o Wendel e peguei em sua mão para que, com a minha ajuda, escrevesse o que não estava conseguindo fazer. Acho que esse gesto foi muito importante para ele, pois até então não conseguia fazer nada [...]. Eu trabalho com Wendel em cima do que ele sabe, do que ele gosta, do que ele pode fazer. (Sampaio, 2008, p. 178)

Um gesto, aparentemente simples, um gesto mínimo produzindo, de modo imprevisível, transformações qualitativas: Wendel, que até então se recusava a escrever alegando não saber, começa a acreditar em si próprio, em sua capacidade para aprender. Quantas vezes a professora se curvou sobre as crianças ajudando-as a ler, a escrever, a resolver as tarefas propostas?

Ana Luiza Smolka ao explorar as relações entre *ensinar e significar* afirma: *um gesto é um movimento marcado/transformado por uma relação social, no qual se inscreve a significação.* E nos adverte: *há que suspeitar da obviedade do gesto e vê-lo inscrito na história de relações* (2006). Para Wendel, o movimento da professora — chegar mais perto e segurar a sua mão — transforma-se em um gesto de atenção e ajuda, deixando marcas, afetando e transformando... histórias, pessoas e as relações entre as pessoas. Não é à toa que Ana Paula destaca: *Acho que esse gesto foi muito importante para ele, pois até então não conseguia fazer nada [...]*

Na relação com o outro — [...] *um outro que nos induz a realizar um gesto;* pois *é a partir do outro que nos fazemos responsáveis* (Skliar, 2007) —, o processo de aprendizagem/ensino revela-se como um *sistema vivo.*

O processo de aprendizagem dos seres humanos forma, junto com o processo de ensino, um sistema vivo, cuja sustentação é o intercâmbio de emoções e afetos entre quem ensina e quem aprende. Um conjunto complexo de ações recíprocas e complementares forma esse sistema e mostra o seu caráter fundamentalmente colaborativo. (Geraldi e Fichtner e Benites, 2006, p. 23)

Chegar mais perto, conversar com o aluno tentando se aproximar de seus *saberes* e *ainda não saberes*. Tirar dúvidas. Perguntar sobre o ensinado, sobre seus interesses e desinteresses. Ouvir. Aprender a ensinar com o seu modo de aprender. Era assim que Ana Paula procurava *estar presente* na relação com o Wendel, que chega nessa turma cursando, pela segunda vez, o 4º ano de escolaridade do Ensino Fundamental. Chega desconfiado, arredio, inquieto. Implicava com os colegas quase o tempo todo. As reclamações sobre seu comportamento, em sala e fora da sala de aula, eram recorrentes. Precisava de ajuda constante para realizar as tarefas propostas. Logo que chegou, parecia não se interessar pelo que acontecia em classe.

Mas Wendel não era apenas desse modo. A criança desconfiada e arredia aceitava ajuda das professoras, bolsistas e dos colegas para realizar os exercícios, revelando-nos interesse em fazer o proposto, interesse em aprender. Precisava de ajuda constante? Precisava. Geralmente, não concluía o que estava fazendo se não fosse ajudado. Mas não era só ele que assim agia. Algumas outras crianças também se distraiam com bastante facilidade, solicitando uma atenção maior. Nessa turma, as crianças trabalhavam individualmente e/ou em grupos, sentados e/ou em pé, conversavam, levantavam, circulavam pela sala para ajudar um colega, para solicitar ajuda, para pesquisar algum tema em livros, para ler histórias... não ficavam, uma atrás das outras, *copiando longos exercícios do quadro para se manter ocupada, sem tempo para fazer bagunça*, conforme disse uma professora em uma das reuniões pedagógicas. Para os que, como Wendel, chegavam nessa turma, formada por um grupo de crianças que estava junto havia três anos, e que, portanto, foi aprendendo a lidar com esse outro modo de se (auto-)organizar, o estranhamento se instalava e, muitas vezes, não sabiam como agir na (des)ordem da sala de aula. Recordemos que aprendemos a ver a desordem como oposição à ordem e como impossibilidade de produção e criação (Prigogine, 1996). No cotidiano da sala de aula as crianças nos ensinam que o que é considerado *bagunça, caos, desordem*, para a maioria das professoras da escola pode ser uma outra ordem, sinalizando-nos possibilidades ainda não pensadas de organização do *espaçotempo* da sala de aula. Modos outros de vivenciar, no dia a dia da sala de aula, o tempo escolar, aprendendo a (re)conhecer outros tempos e temporalidades que, com o tempo-horário, coexistem.

O desafio de pensar e praticar ações pedagógicas e avaliativas sustentadas pelo diálogo e pela reflexão articula-se, do meu ponto de vista, com a ideia de tempo. Porém, nos alerta Skliar (2008, p. 233),

> não do tempo linear ou sequencial, senão do tempo necessário para escutar, do tempo necessário para saber o que há de singular, de excepcional em cada um de nós, do tempo que permite que cada um seja uma dúvida insolúvel, do tempo que, estendido e intensivo, afasta qualquer necessidade e qualquer pretensão por estabelecer normas.

Um *tempo-acontecimento* possibilitando uma temporalidade descontínua, aberta para a diferença, para a surpresa, para a novidade, para o inesperado; para a *abertura ao porvir* (Larrosa, 2001). Abertura ao que está por vir, ao *ainda-não*, ao que não pode ser programável de antemão, ao acontecimento pedagógico que provoca compreendermos o *ensino não como aprendizagem do conhecido, mas como produção de conhecimentos, que podem resultar também de novas articulações entre conhecimentos disponíveis* (Geraldi, 2004).

Para Ana Paula, o *caráter fundamentalmente colaborativo do sistema vivo do ensino/aprendizagem* é um princípio orientador do seu(s) modo(s) de ser professora. Princípio que reclama por relações tecidas por ações mais dialógicas, (inter)ativas, (com)partilhadas com o(s) outro(s) num processo de corresponsabilidade pela aprendizagem/ensino experienciados de modo coletivo/individual.

Nesse sentido, Ana Paula combinou com as crianças que diariamente, entre um turno e outro (das 12:00 h às 13:00 h), ficaria em sala para ajudar nas tarefas de sala (ou de casa). Um espaço a mais para terminar o que não foi possível ser feito durante a aula (ou em casa); para expor e discutir as dúvidas existentes sobre os temas e conteúdos trabalhados. Esse *espaçotempo*[11] ampliava, para Ana Paula, a possibili-

---

11. Nessa escola, as professoras trabalham com as crianças que apresentam "dificuldades de aprendizagem" no contraturno, por duas horas, uma vez por semana, nas *aulas de apoio*. Ana Paula e algumas poucas professoras vêm tentando romper com essa lógica classificatória de encaminhamento das crianças, buscando outras possibilidades de lidar com essas aulas de apoio.

OLHARES E INTERFACES

dade de se aproximar ainda mais dos saberes e ainda não saberes das crianças, investigando seus modos de pensar, aprender, ensinar ao outro.

As professoras (ouvinte e surda) e as crianças decidiam quem faria parte desse grupo sem a preocupação e a intenção de indicar os "mais atrasados", ou os que possuíam "dificuldades" ou "problemas de aprendizagem". O grupo, como não podia deixar de ser, não era fixo. Foi interessante o movimento que foi se configurando nesse *espaçotempo* — algumas crianças ficavam no grupo por um dia, outras por alguns dias e outras, ainda, por um tempo maior (como a aluna surda que, três ou quatro vezes na semana, durante esse horário, trabalhava com as bolsistas questões relativas ao aprendizado da língua portuguesa, sua segunda língua). Crianças se ofereciam para ajudar o colega em questões que, segundo elas, *sabiam muito bem*; outras, não tinham dúvidas, mas queriam ficar no grupo porque *gostavam de estudar* ou queriam *ficar mais tempo na escola*. Às vezes, o grupo era formado por mais de quinze crianças, outras vezes, apenas quatro ou cinco crianças.

Por um bom tempo Wendel fez parte desse grupo, pois precisava, segundo ele, de ajuda para fazer as tarefas de matemática que iam para casa, pois lá não tinha quem o ajudasse. Precisava ficar no grupo para fazer os deveres de casa, principalmente *as contas de dividir,* que (ainda) *não sabia.* Ser ajudado significava, para ele, a possibilidade da aprendizagem desejada. Isso ele sabia. Sabia porque vivenciava, com essa turma, uma experiência de aprendizagem como *sujeito da experiência. Um sujeito ex-posto, ou seja, receptivo, aberto, sensível e vulnerável [...] um sujeito que se deixa afetar por acontecimentos* (Larrosa, 2008, p. 187).

Na autoavaliação realizada por Wendel, no início do ano letivo de 2008, ele escreve:

> Eu fico às vezes atimando porque copio as tarefas do quadro e quando tem deveres de matemática eu faço e a tia Ana Paula me ajuda porque tenho dificuldades. No apoio a tia Ana Paula me ajuda porque eu não tenho ninguém para me ajudar nos trabalhos de casa.
> Eu me dou 7,0 porque estou melhorando em outras coisas.

As crianças, como Wendel, ao se (re)conhecerem como sujeitos da própria aprendizagem vão se compreendendo como *sujeitos do saber e do poder* (Idem). Essa compreensão necessita e se alimenta de ações pedagógicas e avaliativas que assumam *a diferença como expressão radical da alteridade* (Esteban, 2008a). Práticas avaliativas responsáveis pelo outro, um outro que

> aqui, sempre esteve, mas em um tempo talvez diferente daquele que percebemos; suas histórias, narrativas, sua própria percepção de ser outro, não obedece de forma submissa à nossa ordem, à nossa sequência, à nossa determinação cronológica do tempo [...]. É um outro que problematiza nosso próprio tempo e nossa própria elaboração e organização da temporalidade. (Skliar, 2003, p. 62)

Wendel, à medida que vivenciava o processo de transformar seu *ainda não* saber fazer a conta de dividir em saber, percebia aprendizados outros já conquistados: *Eu me dou 7,0 porque estou melhorando em outras coisas.* Conhecimentos e desconhecimentos em permanente diálogo. Wendel *sabia* e *ainda não* sabia. E o *ainda não*, sabíamos disso, é capacidade e potência, possibilidade. *É o modo como o futuro se inscreve no presente e o dilata* (Santos, 2006).

Trazer para as relações de aprendizagem/ensino o *ainda não* significa fazer uma aposta no ausente que se faz presente pela potencialidade, sem esquecer que apostar significa correr riscos e, portanto, lidar com incertezas. Incertezas que nos levam a cuidar do futuro a partir de um investimento maior no presente, ampliando-o.

Ana Paula aposta na aprendizagem de seus alunos e alunas. Mas, para apostar é necessário acreditar, senão os riscos assumidos enfraquecem a aposta feita levando, muitas vezes, à desistência.

Wendel aprendeu a fazer a conta de dividir. Esse aprendizado, para ele tão desejado, o tornou mais alegre e confiante, tal como quando Sara aprendeu a ler e a escrever. No final de 2008, ao concluir o 5º ano de escolaridade do Ensino Fundamental, escreveu:

> Eu tenho dificuldades em matemática e a professora Ana Paula me ajuda quando tem divisão mais eu aprendi um pouco. Isso me deixa feliz porque

aprendi para ir para o outro lado [o 2º segmento do ensino fundamental — do 6º ao 9º ano] e fico feliz com isso porque é bom.

[...] Bom, estudar nessa turma foi a melhor turma que eu já tive nessa escola. Tem a melhor professora do mundo e eu não me esqueço da Renata, ela é a melhor professora surda do mundo [...].

Ações pedagógicas e práticas avaliativas que investem na afirmação do outro como *legítimo outro* pautadas no *princípio do reconhecimento da diferença* embora ainda frágeis, (co)existem com modos de ensinar e avaliar subsidiados por uma lógica classificatória e excludente dos saberes e fazeres discentes e docentes. A complexidade do cotidiano escolar abriga essa tensão e os conflitos dela decorrentes.

Apostar nas *possibilidades* já existentes, visando fortalecer, cada vez mais, o processo de democratização escolar é necessário e urgente. Boaventura de Sousa Santos (2006, p. 117), a partir de Ernst Bloch, alerta-nos que a *possibilidade é a categoria mais neglicenciada pela ciência moderna.* Afinal, *a possibilidade é o movimento do mundo!*

Referências bibliográficas

BAKHTIN, M. *Estética da criação verbal.* São Paulo: Martins Fontes, 1997.

ESTEBAN, M. T. Diferença na sala de aula: desafios e possibilidades para a aprendizagem. In: GARCIA, R. L.; ZACCUR, E. (Orgs.). *Alfabetização*: reflexões sobre saberes docentes e saberes discentes. São Paulo: Cortez, 2008a.

_____. Dar voz, silenciar, tomar a palavra. Democratização e subalternidade na avaliação escolar cotidiana. In: FETZNER, A. R. (Org.). *Ciclos em revista*: avaliação: desejos, vozes, diálogos e processos. Rio de Janeiro: Wak Ed., 2008b. v. 4.

_____. Pedagogia de projetos: entrelaçando o ensinar, o aprender e o avaliar a democratização do cotidiano escolar. In: SILVA, J. F. da; HOFFMAN, J., ESTEBAN, M. T. (Orgs.). *Práticas avaliativas e aprendizagens significativas em diferentes áreas do currículo.* Porto Alegre: Mediação, 2003.

ESTEBAN, M. T. Exigências democráticas/exigências pedagógicas: avaliação. *Tecnologia Educacional*, Rio de Janeiro, jan./fev./mar. 2000.

ESTEBAN, M. T. A avaliação no cotidiano escolar. In: ESTEBAN, M. T. (Org.). *Avaliação*: uma prática em busca de novos sentidos. Rio de Janeiro: DP&A, 1999.

GARCIA, R. L. (Org.). *A formação da professora alfabetizadora*: reflexões sobre a prática. 4. ed. São Paulo: Cortez, 2003.

GERALDI, W. *A aula como acontecimento*. Aveiro: Universidade de Aveiro, 2004. (Col. Theoria Poiesis Práxis.)

_____; FICHTNER, B.; BENITES, M. *Transgressões convergentes*: Vigotski, Bakhtin, Bateson. Campinas: Mercado de Letras, 2006.

LARROSA, J. Desejo de realidade. Experiência e alteridade na investigação educativa. In: BORBA, S.; KOHAN, W. (Orgs.). *Filosofia, aprendizagem, experiência.* Belo Horizonte: Autêntica Editora, 2008.

_____. Dar a palavra. Notas para uma dialógica da transmissão. In: LARROSA, J.; SKLIAR, C. (Orgs.). *Habitantes de Babel*: políticas e poéticas da diferença. Belo Horizonte: Autêntica Editora, 2001.

MATURANA, H. *Emoções e linguagem na educação e na política.* Belo Horizonte: Ed. UFMG, 1999.

PESSOA, F. *O melhor do mundo*: poesia infantil. Coimbra: Alma-Azul, 2008.

PRIGOGINE, I. *O fim das certezas*: tempo, caos e leis da natureza. São Paulo: Editora da Universidade Paulista, 1996.

SAMPAIO, C. S. *Alfabetização e formação de Professores*: aprendi a ler (...) quando misturei todas aquelas letras ali... Rio de Janeiro: Wak Ed., 2008.

SANTOS, B. de S. *Renovar a teoria crítica e reinventar a emancipação social.* São Paulo: Boitempo, 2007.

_____. *A gramática do tempo*: para uma nova cultura política. São Paulo: Cortez, 2006.

SANTOS, M. Entrevista com Milton Santos. *Democracia Viva*, Rio de Janeiro, n. 2, 1998.

SMOLKA, A. L. *Ensinar e significar*: as relações de ensino em questão — ou das (não) coincidências nas relações de ensino. Campinas, 2006. Mimeo, 13p.

SKLIAR, C. Entre lo común y lo especial, la (pretenciosa) pretensión de la diversidad. In: FRIGERIO, G.; DIKER, G. (Comps.). *Educar*: posiciones acerca de lo común. Buenos Aires: Del Estante Editorial, 2008.

_____. *La educación (que es) del outro*: argumentos y desierto de argumentos pedagógicos. Buenos Aires: Centro de Publicaciones Educativas y Material Didáctico, 2007.

_____. *Pedagogia (im)provável da diferença*: E se o outro não estivesse aí? Rio de Janeiro: DP&A, 2003.

VEIGA, I. P. A. As dimensões do processo didático na ação docente. In: ROMANOVSKI, J. P.; MARTINS, P. L. O.; JUNQUEIRA, S. R. A. (Orgs.). *Conhecimento local e conhecimento universal*: pesquisa, didática e ação docente. Curitiba: Champagnat, 2004. v. 1.

VYGOTSKY, L. S. *A formação social da mente*. São Paulo: Martins Fontes, 1989.

4

Saberes e práticas cotidianos: Pode a formação de professores dispensar a avaliação?

Carlos Eduardo Ferraço

1. Sobre nossas tentativas de pensar a educação como unidade do *complexus*

Nossas pesquisas inserem-se na articulação de dois Grupos do Diretório de Pesquisa do CNPq dos quais participamos,[1] que vêm desenvolvendo investigações com ênfase na análise dos cotidianos escolares para a compreensão de temáticas do campo educacional, com destaque para os estudos sobre *currículo, formação de professores* e *avaliação*, como possíveis nós de uma intrincada rede de práticas e saberes cotidianos. Assim, nossos objetivos têm se voltado para a análise das relações estabelecidas entre

---

1. Estamos nos referindo aos grupos "Currículos, cotidianos, culturas e redes de conhecimentos" do PPGE/Ufes, coordenado por mim e pela professora Janete Magalhães Carvalho, e "Cotidiano escolar e currículo" do Proped/Uerj, coordenado pelas professoras Nilda Alves e Inês Barbosa de Oliveira.

os sujeitos praticantes (Certeau, 1994, 1996) dos cotidianos de escolas públicas das séries iniciais do Ensino Fundamental, com a intenção de defender a ideia de educação como campo que se caracteriza pela *unidade do complexus* (Morin, 1996).[2]

Nesse sentido, apesar de encontramos bibliografias específicas na educação para a diversidade das complexidades que se entrecruzam nesse *campo complexus*, a partir da produção de *diferentes tipos de conhecimentos* (Morin, 1996) para temas como avaliação, planejamento, ensino, aprendizagem, currículo, formação, entre outros que dizem respeito à prática pedagógica, quando nos envolvemos nas redes tecidas pelos sujeitos das escolas essas tentativas de organização do campo educacional em unidades de complexidade acabam por fortalecer, nos *saberespráticas*[3] de muitos educadores, uma lógica que tem sua argumentação mais recorrente na busca pela homogeneidade.

De fato, mesmo entendendo que esses discursos têm sido produzidos, em muitos casos, tendo como referência a ideia de complexidade, a nosso ver isso não só tem favorecido certo fechamento desses *diferentes tipos de conhecimentos*, como, por efeito, tem sido insuficiente para dar conta da educação como um campo complexus.

O que estamos querendo dizer é que o uso da noção de complexidade localizada e limitada aos diferentes temas da educação tem, em muitos casos, favorecido práticas e discursos que defendem a homogeneização dos processos pedagógicos como solução para os "problemas" enfrentados. De modo geral, isso pode ser percebido nas narrativas de professores sobre a urgência de referências mais precisas sobre *como* e *o que* avaliar e, por

---

2. Recorrendo a Morin, assumimos a necessidade de superação da ideia de complexidade como explicação ou solução diante da mutilação do conhecimento, em favor da ideia de complexo na dimensão do que é tecido junto e, nesse caso, colocando-se como problema e desafio permanentes para se pensar a vida: "A ambição da complexidade é prestar contas das articulações despedaçadas pelos cortes entre disciplinas, entre categorias cognitivas e entre tipos de conhecimentos. Isto é, tudo se entrecruza, se entrelaça para formar a unidade da complexidade; porém a unidade do 'complexus' não destrói a variedade e diversidade das complexidades que o teceram" (Morin, 1996, p. 176).

3. Estética da escrita que aprendemos com Nilda Alves et al. (2002), na tentativa de, ao unirmos determinadas palavras, ampliar seus significados, inventando outros tantos, buscando romper com as marcas que carregamos da ciência moderna, sobretudo a maneira dicotomizada de analisar a realidade.

consequência, na busca de outros instrumentos mais consistentes que possam dar conta do que está sendo ensinado e/ou aprendido.

> Um dos maiores problemas que enfrentamos é a avaliação. Temos que dar uma nota porque o sistema exige e não tem como escapar disso. Eu procuro elaborar bem minhas provas para poder dar conta do conteúdo que foi ensinado. É o momento de verificação da aprendizagem e dá para você saber quem aprendeu e quem não aprendeu. Para isso você precisa ter condições de fazer uma prova que possa te dar um retorno mais preciso do que você ensinou, mas nem todos os professores fazem isso. O conhecimento é algo complexo e o sistema deveria dar cursos sobre elaboração de provas para podermos trabalhar melhor essa complexidade na avaliação.

Essas urgências e buscas, mesmo quando supostamente respaldadas por ideias ou teorias que defendem que o conhecimento se processa em redes e, portanto, têm uma dimensão de complexidade que precisa ser considerada, acabam por reduzir a avaliação a uma prática localizada, pontual e individual de verificação das informações que foram transmitidas nas salas da aula.

Entretanto, se as ideias de *complexus* e de *redes de conhecimentos* fundam-se, entre outros princípios, nas potências das dimensões das relações estabelecidas entre os sujeitos, isto é, nos processos coletivos e, ainda, nas incompletudes e interações entre os diferentes campos do conhecimento, qualquer tentativa de homogeneização, medição, hierarquização e classificação decorrentes da avaliação desqualificam e negam as ideias de *complexus* e de *redes* tomadas como princípios da ação pedagógica.

Essas ideias implicam *problematizações* e *deslocamentos* dos saberes e das práticas de avaliação em direção às *redes* tecidas, atitude que supõe, entre outras coisas, conviver com permanentes linhas de fuga que se mostram nas instabilidades, homogeneidades, tentativas de controle e padronização, indeterminismos, negociações, resistências, invenções, hibridizações e imprevistos vividos nos cotidianos escolares. E, nessas situações, é impossível identificar em que momentos o professor avalia, ensina, aprende e planeja. De fato, acontece tudo ao mesmo tempo!

Assumir o conhecimento como *redes de saberes, fazeres e poderes* (Alves et al., 2002) e a educação como campo *complexus* pressupõe destituir a avaliação de seu sentido tradicional de prática localizada em um dado momento do processo educacional e, ainda, de verificação de desempenho, classificação e controle do outro tomado em sua singularidade,[4] para pensá-la como *processo inerente à tessitura e partilha dessas redes de conhecimentos*, pressupondo, como defende Esteban (1999), uma permanente atitude de investigação sobre as práticas cotidianas.

> A avaliação como prática de investigação tem o sentido de romper as barreias entre os participantes do processo ensino/aprendizagem e entre os conhecimentos presentes no contexto escolar. [...] A avaliação como prática de investigação pressupõe a interrogação constante e se revela um instrumento importante para professores e professoras comprometidos com uma escola democrática. Compromisso esse que os coloca frequentemente diante de dilemas e exige que se tornem cada dia mais capazes de investigar sua própria prática para reformular "repostas possíveis" aos problemas urgentes, entendendo que sempre podem ser aperfeiçoadas. (Esteban, 1999, p. 24-25)

O desafio proposto implica, então, *desconstruir* o sentido de avaliação como campo discursivo autônomo que, na maioria das vezes, tem fortalecido e legitimado práticas pontuais e individuais de formação, muitas vezes alheias às redes tecidas nos cotidianos escolares, buscando pensar a avaliação também como redes, cujos fios e nós envolvem inúmeros *espaçostempos* das/nas tessituras dos conhecimentos escolares.

Desse modo, em nossas pesquisas, temos nos empenhado em mostrar a urgência de outras narrativas para o campo educacional e, por efeito, para temas como avaliação, currículo, ensino, aprendizagem, entre outros, que possam, minimamente, articular os diferentes discursos complexos especializados e, sobretudo, que possam nos ajudar a entender a Educação como *complexus*, não como justificativa para os limites dos artevespníticos

---

4. No nosso entender, uma das consequências mais perversas da manutenção da prática de avaliação como atribuição individual de desempenho refere-se à ideia cada vez mais revigorada nos discursos dos educadores de que os alunos possuem dificuldades e/ou problemas de aprendizagem e, portanto, o sucesso e/ou o fracasso escolar também seriam explicados a partir de responsabilidade/desempenho de cada aluno. No decorrer do texto voltaremos a essa discussão.

cotidianos, mas como potência para problematização e fundamentação epistemológica das mesmas. Com isso fica evidente a impossibilidade de a formação dispensar a avaliação, uma vez que são ações indissociáveis, que se influenciam permanentemente e ajudam a constituir o *complexus* educacional.

2. Fundamentações iniciais sobre nossas tentativas de pensar avaliação e formação como campos de forças para a ideia de educação como *complexus*: os cotidianos escolares como pontos de partida e de chegada

Como defende Alves (2005), interessa-nos *compreender* e *atuar* nos cotidianos das escolas em sua contemporaneidade e em meio às redes de conhecimentos que aí são tecidas pelos sujeitos praticantes com outros tantos cotidianos em que vivem, ousando, como sugere Certeau (1994), fazer uma "teoria das práticas" ou, ainda, tentar responder à pergunta que Maffesoli (2007) propõe a partir de sua leitura dos *Discorsi* de Maquiavel: *ainda sabemos ouvir e interpretar o pensamento da praça pública?*

Nos cotidianos das escolas pesquisadas, professores e alunos praticam diferentes modos de *experimentar-problematizar* a educação. Esses *modos de experimentação-problematização*, com os quais os sujeitos do *discurso menor* (Deleuze, 1992) da educação se afirmam como protagonistas da cena educacional, revelam-se de diferentes formas e com diferentes intenções, com destaque para alguns movimentos de resistência e invenção,[5] imprimindo uma marca de híbrido[6] nos mesmos.

---

5. Em Kastrup (1999), assumimos que a invenção não é uma característica a ser atribuída a um sujeito isoladamente. Ou seja, a invenção não deve ser entendida a partir do inventor, mas em meio à processualidade das relações nas redes cotidianas. Ainda nesse sentido, entendemos por *resistência* não apenas *oposição*, mas, sobretudo, *desconstrução, transgressão, burlas, táticas e artimanhas* produzidas e compartilhadas ou não nas redes cotidianas, em relação ao que está posto como norma, como determinação, como modelo.

6. A partir de Bhabha (1998), estamos assumindo a ideia de híbrido não como síntese, mas como justaposição.

De fato, nos cotidianos das escolas de nossas pesquisas encontramos inúmeros movimentos que avançam em diferentes e contraditórias direções políticas, econômicas, culturais, sociais e, por efeito, educacionais. Isto é, mesmo para as escolas onde há uma tentativa de se garantir uma proposta comum de trabalho entre as práticas a partir, por exemplo, da proposição de um projeto político pedagógico, a força dos movimentos das redes cotidianas impõe-se de maneira avassaladora.

A nosso ver, é essa força que, ao expressar o *complexus* da educação, necessita ser considerada como possibilidades potentes para a problematização e ampliação das práticas e dos discursos especializados que se fazem presentes a partir de inúmeros determinantes pedagógicos.[7]

Entendendo, então, que nas tessituras das redes cotidianas de conhecimentos são realizados diferentes processos de negociações, traduções e hibridismos, imprimindo a marca de complexidade da educação, temos nos empenhado em entender as *operações de uso* (Certeau, 1994) dos sujeitos das escolas em relação à avaliação tomada em meio às redes tecidas e, por efeito, em meio às maneiras de marcar, social e politicamente, os desvios nesses usos que, para Certeau (1994), constituem *redes de antidisciplinas* que expressam diferentes modos de pensar investidos de diferentes modos de agir e que, ao mesmo tempo, criam, fabricam, reproduzem, negociam, enfim, tecem conhecimentos. Como defende Oliveira (2008), é preciso que se discuta a importância de se pensar epistemologicamente o cotidiano, considerando a indissociabilidade entre os campos políticos e epistemológicos, entendendo que justiça global não é possível sem justiça cognitiva.

---

7. Em particular, temos nos dedicado a incluir em nossas análises os projetos propostos às escolas por diferentes Secretarias da Prefeitura Municipal de Vitória, com destaque para as Secretarias de Educação, Meio Ambiente, Saúde e Ação Social. Nesse sentido, apresentamos, com a professora Janete Magalhães Carvalho, em um painel coordenado pela professora Inês Barbosa de Oliveira, o trabalho "Lógicas de currículos em redes e projetos: entre equívocos e possíveis no cotidiano", no qual pudemos evidenciar a força que a "pedagogia de projetos" tem, hoje, no Sistema Municipal de Ensino de Vitória. De fato, foi nos permitido mostrar como a prática pedagógica tem sido atravessada por uma demanda de projetos para as escolas executarem, com ênfase nos produtos a serem expostos, caracterizando o que temos nomeado de "pedagogia de vitrine".

Isso significa que, se desejamos trabalhar por e reconhecer as experiências de emancipação social, precisamos associá-las à crítica e à possível formulação de novas premissas epistemológicas que incorporem a validade e a legitimidade de diferentes saberes, práticas e modos de estar no mundo, superando a hierarquização hoje dominante entre uns e outros e viabilizando processos interativos entre os diferentes que não os tornem desiguais. (Oliveira, 2008, p. 68)

Então, problematizar as práticas de avaliação realizadas nas escolas, tendo em vista a elaboração de outros discursos para o campo implica, como propõe Guimarães (2006), buscar caminhos que nos possibilitem compreender a existência cotidiana sem exigir nossa renúncia diante do que ela nos oferece, mas, ao contrário, reconsiderar a necessidade de um retorno à existência e à linguagem de todo dia, buscando reavivar o contato com aquilo que, na vida comum, irrigado pelo fluxo de narrativas, passa despercebido de tão evidente, ou então só se deixa ver na remissão incessante de um texto ao outro, de uma narrativa à outra.

Implica, ainda, assumir os cotidianos escolares a partir das redes de relações que aí são tecidas e partilhadas, as quais, em referência aos nossos marcos teóricos, incluem tanto os usos (Certeau, 1994) quanto as negociações e traduções[8] que se enredam nas redes de *saberespráticas*.

[Entendo] que os seres humanos, em suas ações e para se comunicarem, estão carregados de valores que reproduzem, transmitem, mas também criam [...]. Assim, em um mesmo processo, vão aplicando o que lhes é imposto pela cultura dominante, com os produtos técnicos colocados à disposição para consumo e, em contrapartida, vão criando modos de usar e conhecer o invento técnico, fazendo surgir tecnologias e possibilidades de

---

8. Para Bhabha (1998), os termos do embate cultural, seja pelo antagonismo, seja pela afiliação, são produzidos performativamente, e a articulação social da diferença, na perspectiva da minoria, é uma negociação complexa em andamento. Negociação e tradução têm o sentido de movimento, de processo permanente sem, necessariamente, ter que chegar a um consenso, a um acordo comum, a um ponto de conciliação. Isso nos lança permanentemente, como pesquisadores com os cotidianos, em múltiplas redes de negociações efêmeras, permeadas por ambiguidades, ambivalências das possibilidades que se apresentam nos interstícios, mas que não são fixas nem imutáveis.

mudanças tanto dos artefatos técnicos, como das técnicas de uso. (Alves, 2005, p. 3)

Contrariando o veto e a censura que a ciência dirige aos saberes narrativos, como fala Guimarães (2006), nossas pesquisas têm buscado escutar o comum, conceder atenção às práticas cotidianas dos sujeitos das escolas, estando com eles em diferentes momentos e situações. Para tanto, temos tentado assegurar uma *metodologia de pesquisa aberta e flexível*[9] para descrever como as interações comunicativas cotidianas, as conversas, situam os sujeitos no mundo, oferecendo-lhes laços de pertencimento e domínios de sociabilidade. Nesse sentido, compreender a vida da escola, e não julgá-la (em nome do que deveria ser), tem sido uma atitude por nós adotada.

Constituído por saberes implícitos e animados por sentimentos compartilhados (dedicados às pequenas coisas da vida, gestos, falas habituais, objetos e lugares conhecidos, afetos e paixões partilhados), o cotidiano, em seu burburinho incessante, sua prosa mundana (feita certamente de repetição, mas também de insistente — e muitas vezes imperceptível — invenção) foi acompanhado (à maneira de um fluxo, ora contínuo, ora interrompido) em suas diferentes manifestações significantes. (Guimarães, 2006, p. 14)

Assim, a prática de avaliação que nos interessa não é aquela preconizada pelos textos da proposta curricular ou do projeto político pedagógico, mas aquela realizada e/ou narrada pelos professores e que, nos momentos em que vão sendo constituídas, vão alargando e corrompendo os limites dos discursos que acreditam que existe um lugar próprio no campo da educação para a avaliação e/ou para a formação. Ou seja, nossa tentativa é a de afirmar a possibilidade de discussão da avaliação problematizando seu lugar próprio.

---

9. Estamos nos referindo às propostas de pesquisas nos/dos/com os cotidianos das escolas.

3. Sobre nosso empenho em entender as operações de uso dos sujeitos das escolas em relação à avaliação praticada em meio às redes tecidas: a superação da ideia de problemas e/ou dificuldades de aprendizagem

Em nossas *pesquisas com os cotidianos das escolas* (Ferraço, 2003), temos nos empenhado em conversar com os professores sobre as diferentes maneiras como os alunos respondem a determinadas questões propostas nas avaliações, sobretudo aquelas que, segundo as professoras, demandariam respostas mais qualitativas, isto é, questões que estimulassem os alunos a pensar, escrever e/ou falar[10] sem ter que decorar fórmulas ou conceitos. Com a intenção de ilustrar essas respostas apresentamos, a seguir, alguns trechos dessas avaliações.[11]

a) Questão de Matemática proposta para turmas de 4ª série:

A balança está equilibrada. Quantos quilogramas tem cada tijolo?

a1) Algumas respostas dos alunos:
- *Cada tijolo tem 1 quilo.*
- *Um tijolo pesa mais que o outro porque o da frente é um pouco mais largo em cima que o de trás.*
- *Os tijolos têm o mesmo peso.*

---

10. Em algumas situações, sobretudo em turmas de 4ª ou 5ª série, nas quais os alunos ainda não sabem escrever, alguns professores têm optado por provas orais.

11. Trata-se de fragmentos de respostas de alunos de 3ª e 4ª séries em relação a questões apresentadas em avaliações de "conteúdos" trabalhados nas disciplinas de Ciências, História e Matemática. Cumpre observar que as questões de Ciências foram escolhidas pelos professores a partir dos estudos que realizamos por ocasião de nossa tese de doutorado. Por opção, fizemos a correção das respostas dos alunos de acordo com as normas gramaticais.

b) Questão de Ciências proposta para turmas de 4ª série: Por que as pessoas têm peles de cores diferentes?

b1) Algumas respostas dos alunos:

- *Porque o sol queima as peles e elas ficam diferentes.*
- *Por causa da genética de cada um.*
- *Por causa da mistura do sangue dos brancos com os pretos.*
- *Pelo racismo que existe na sociedade.*
- *Por causa da mistura das raças.*
- *Porque cada um tem uma família diferente.*

c) Questão de História proposta para turmas de 4ª série: Quais as principais manifestações culturais de sua comunidade? O que é preciso fazer para preservá-las e melhorá-las?

c1) Algumas respostas dos alunos:

- *Os marginais que vivem lá. Precisa de polícia no morro.*
- *O tráfico e o uso de drogas pelos adolescentes. Eles deveriam ir para a igreja.*
- *As brigas dos filhos com os pais. Falta de Jesus no coração.*
- *Gravidez das adolescentes. Usar camisinha.*
- *Falta de emprego. Mais trabalho com carteira assinada.*
- *As bichas que moram lá e querem se passar por mulher. Tem que virar homem.*
- *Não tem lugar para dançar e poder se divertir. Abrir um clube com baile* funk.
- *A quadra de esportes. Precisa ser reformada.*
- *A associação de moradores que tem que mudar o presidente.*

Em nossas conversas com as professoras, temos considerado a necessidade de entendermos as respostas dos alunos como pistas para problematizarmos não só a visão tradicional de avaliação,[12] mas, sobre-

---

12. Essa discussão foi extremamente importante tendo em vista que muitas respostas dadas pelos alunos não foram consideradas como "corretas" pelas professoras. Por exemplo, para as res-

tudo, as próprias lógicas inerentes a essas respostas que, sem sombra de dúvidas, expressavam inúmeros determinantes de seus contextos de vida. Com isso, a diversidade de respostas dos alunos não poderia mais ser considerada como argumento para reforçar a ideia de que os alunos teriam problemas/dificuldades de aprendizagem e, por isso, merecedores de determinadas sanções que se traduziam, na maioria das vezes, em formas sutis de exclusão.

Se, de fato, estávamos entendendo em nossos grupos de estudos nas escolas que o conhecimento não se restringe às informações passadas nas salas de aula, mas refere-se a diferentes movimentos de tradução, negociação e usos dessas informações em meio às redes cotidianas de saberes, fazeres e poderes tecidas pelos alunos em suas relações com os contextos vividos, envolvendo inúmeros condicionantes políticos, econômicos, sociais e culturais, então, não se tratava mais de entender essas respostas como atestados das dificuldades/problemas de aprendizagem de cada aluno, mas como possibilidades de investigarmos alguns dos movimentos coletivos mais recorrentes nessas redes, com o objetivo de ampliá-las, incluindo outros usos, traduções e negociações.[13]

---

postas da questão de Ciências as falas foram quase que unânimes em considerá-las ou incorretas ou muito incompletas. No tocante à pergunta de História algumas professoras alegaram que algumas respostas não abordaram o tema cultura, mas se perderam em questões mais sociais e econômicas locais. Esse fato, em particular, levou-nos a ampliar a ideia de cultura que estava sendo "cobrada" pelas professoras na questão e, por efeito, ajudou-nos a pensar cultura para além dos limites das datas comemorativas, das tradições e manifestações folclóricas presentes na comunidade, associando-a a uma rede mais ampla de sentidos, envolvendo determinantes econômicos, sociais e políticos. Para as repostas dadas à questão de Ciências apresentada, bem como para questões trabalhadas em outras avaliações dessa disciplina, realizamos um grupo de estudos com as professoras com o objetivo de ampliar suas redes de conhecimentos e, nesse sentido, complementar, sempre que possível, os "conteúdos" presentes nos livros didáticos, fato que nos ajudou a perceber que muitas respostas consideradas "erradas" continham pistas importantes para a ampliação do tema estudado.

13. Essa discussão foi extremamente favorecida a partir de um trabalho que foi realizado sobre sexualidade nas aulas de Ciências, no qual os alunos puderam apresentar perguntas que gostariam que fossem respondidas, tais como: "O que é sexo bucal?; Com quantos meses podemos fazer um aborto?; Quando a mulher atinge o orgasmo?; O sexo anal faz mal?; Quando a menina engravida cedo corre o risco de perder o bebê?; Quem tem mais desejo de fazer sexo: a mulher ou o homem?; Por que as meninas estão menstruando mais cedo?; O que causa ejaculação precoce no homem?; Ser homossexual prejudica o homem?; É perigoso quando o homem não ejacula?; O que significa transexual?; O que é sífilis?; Quem se masturba mais: o homem ou a mulher?; Mesmo tomando anticon-

OLHARES E INTERFACES

De fato, em nossas discussões com as professoras temos argumentado que o conhecimento não é, nessa dimensão das redes, uma propriedade ou uma característica do indivíduo no singular, mas condição de vida, de existência das relações coletivas entre esses indivíduos, sujeitos cotidianos encarnados (Najmanovich, 2001). Aqui, foi oportuno lembrar que as biociências descobriram que a vida é uma persistência do conhecimento, isto é, processos de conhecimento e processos de vida coincidem. Como consequência dessas discussões, temos defendido junto aos professores a necessidade de substituirmos a ideia de dificuldades/problemas de aprendizagem pela noção, ainda em busca de uma fundamentação mais consistente, de *possibilidades de conhecimentos* que se colocam para os alunos a partir de suas histórias e contextos de vida.

Assim, a ênfase nas *possibilidades de conhecimentos* implica tirar o foco dos alunos pensados como indivíduos isolados, *que sabem ou não sabem*, e colocá-lo nas relações sociais estabelecidas entre eles e por eles com a sociedade mais ampla, que são efêmeras e inclassificáveis, caracterizando uma permanente (in)completude, ou seja, uma permanente condição de *ainda não sabem*. Isto é, a proposta de se pensar a avaliação como investigação dos *saberesfazeres* dos alunos não ficaria reduzida nem aos ideais das propostas oficiais nem aos desempenhos individuais dos alunos, mas contemplaria a própria dinâmica do conhecimento em sua tessitura, exigindo dos professores uma desconstrução do que se entendia, até então, por avaliação.

De fato, a avaliação tomada como processo de investigação (Esteban, 1999) dos *saberespráticas* coletivos, na perspectiva defendida, só seria possível se realizada na dimensão das redes coletivas dos alunos. Uma espécie de avaliação dos processos coletivos, das negociações, traduções e usos que estavam sendo feitos a partir das informações transmitidas em sala de aula. Algumas das questões de fundo tentariam responder: Quais as possibilidades de conhecimentos que estão ou não presentes nas redes

---

cepcional há alguma chance de engravidar?; O que é potência?; Como é que os homossexuais fazem sexo?; Fazer sexo bucal transmite doença, quais são elas?; Quando a menina tem relações sexuais, o corpo dela muda?; O que é orgasmo?".

de saberes e práticas dos alunos, que não são permanentes nem únicas, e que estão associadas às suas condições de vida? Que alternativas de ação seriam necessárias de serem realizadas pelos professores e pelo próprio sistema, tendo em vista a necessidade de ampliação dessas possibilidades de conhecimentos, sobretudo para os alunos das classes populares?

Se pensarmos cada sujeito como inserido em diferentes contextos de vida, não há como negar que suas possibilidades de conhecimento estão ligadas às relações entre esses contextos e que a escola democrática tem uma função primordial na ampliação dessas possibilidades. A história de vida de cada aluno e, por efeito, de cada professor, não é uma trajetória apenas pessoal, descolada dos contextos econômicos, políticos, sociais e culturais que existem. Há, então, diferentes possibilidades de conhecimentos para os alunos e para as professoras, que precisam ser consideradas e ampliadas, quando nos dedicamos a pensar ou a realizar a avaliação nas escolas.

Nesse aspecto, além das ideias relacionadas com a metáfora de redes, buscamos, em Lefebvre, sua crítica à ideia do conhecimento como problema e sua defesa do conhecimento como um fato que tem por características ser prático, social e histórico. Como defende o autor (1983, p. 49-50),

> É inegável que o conhecimento põe certos problemas; todavia, o conhecimento em si mesmo não é um problema, mas um fato. Para que o conhecimento se torne um problema, é preciso que a análise separe e isole o que é dado efetivamente como indissoluvelmente ligado: os elementos do conhecimento, o sujeito e o objeto [...]. O conhecimento é um fato: desde a vida prática mais imediata e mais simples, nós conhecemos objetos, seres vivos, seres humanos.

Ampliando sua discussão, Lefebvre ajuda-nos a fundamentar a metáfora das redes, afirmando a existência dos múltiplos percursos que ela contempla entre seus nós e fios. Como defende o autor (1983, p 35-36), "A rede implica e permite uma racionalidade mais aguçada, mais complexa. A noção de complexidade sugere a ideia segundo a qual o pensamento vai do complexo ao mais complexo".

Tomando por base, então, as relações estabelecidas entre os sujeitos das escolas e entre esses e os diferentes contextos de vida vividos, expressos, entre outros aspectos, em suas crenças, valores, desejos, estéticas, linguagens e projetos de vida, fomos nos dando conta de que, de fato, quanto ao conhecimento, não se trata apenas da defesa de se buscar resolver as dificuldades/problemas de aprendizagem, mas sobretudo de ampliar as possibilidades de conhecimentos desses sujeitos, o que significa ampliar as redes de *saberesfazeres* existentes na perspectiva de uma escola democrática.

Como já dito, a diversidade de respostas e argumentações das professoras e dos alunos que temos encontrado em nossas pesquisas nos obriga a mergulhar no cotidiano escolar em busca de pistas que apontem possibilidades de *problematizações* das redes de saberes, fazeres e poderes tecidas e que considerem o sujeito *individualcoletivo* encarnado como ponto de partida e de chegada.

A despeito de dominarem ou não uma dada informação, as respostas dos alunos revelam um emaranhado de lógicas, hipóteses e metáforas, encharcadas de arbitrariedades, esperanças, solidariedade, religiosidades, dúvidas, valores, utilitarismos e preconceitos, que precisam ser assumidos como *fios e nós* presentes na tessitura de suas redes de conhecimentos. Queiramos ou não, as redes cotidianas de conhecimentos estão, a todo tempo, atravessadas por diferentes contextos de vida respaldando a dimensão de *complexus* para a educação que defendemos.

Como já dito, os alunos, imersos nessas complexas redes, criam diferentes sentidos para os assuntos trabalhados nas salas de aula, a partir de diferentes formas de negociação, tradução e usos que, por desafiarem ou mesmo negarem aquelas previstas como corretas, são, na maioria das vezes, consideradas inválidas. Mas, não obstante essa desvalorização, são essas redes que existem e que expressam o que ocorre nas escolas. Sendo assim, ou nos propomos a assumi-las como potências para nossas ações nas escolas ou continuaremos, como tem acontecido na maioria das práticas avaliativas, produzindo exclusão respaldada pela ideia de dificuldade/problema de aprendizagem.

Retomando a pergunta proposta no título do texto, defendemos, em um primeiro momento, a necessidade de pensarmos a formação a partir de uma íntima relação com a avaliação, uma vez que são práticas que constituem o que chamamos de *complexus* da educação. Entretanto, também é necessário não perder de vista a recíproca da pergunta, isto é, o fato de a avaliação não poder dispensar a formação. Nos dois casos trata-se de produzir outros sentidos tanto para a avaliação quanto para a formação, tomadas como processos que se enredam nas práticas e saberes cotidianos.

Referências bibliográficas

ALVES, N. Artefatos tecnológicos relacionados à imagem e ao som na expressão da cultura de afro-brasileiros e seu "uso" em processos curriculares de formação de professoras na Educação Superior: o caso do curso de Pedagogia da UERJ/ Campus Maracanã. Projeto incorporado ao Prociência, agosto de 2005.

ALVES et al. (Org.). *Criar currículo no cotidiano*. São Paulo: Cortez, 2002.

BHABHA, H. *O local da cultura*. Belo Horizonte: UFMG, 1998.

CERTEAU, M. de. *A invenção do cotidiano 2*: morar, cozinhar. Petrópolis: Vozes, 1996.

_____. *A invenção do cotidiano*: as artes de fazer. Petrópolis: Vozes, 1994.

DELEUZE, G. *Conversações*. Rio de Janeiro: Ed 34, 1992.

ESTEBAN, M. T. A avaliação no cotidiano escolar. In: _____ (Org.). *Avaliação*: uma prática em busca de novos sentidos. Rio de Janeiro: DP&A, 1999. p. 7-28.

FERRAÇO, C. E. Eu, caçador de mim. In: GARCIA, R. L. (Org.). *Método*: pesquisa com o cotidiano. Rio de Janeiro: DP&A, 2003. p. 157-175.

GUIMARÃES, C. *Imagens da memória*: entre o legível e o visível. Belo Horizonte: Ed. UFMG, 1977.

_____. O ordinário e o extraordinário das narrativas. In: _____; FRANÇA, V. (Orgs.). *Na mídia, na rua*: narrativa do cotidiano. Belo Horizonte: Autêntica, 2006. p. 8-17.

KASTRUP, V. *A invenção de si e do mundo*: uma introdução do tempo e do coletivo no estudo da cognição. Campinas: Papirus, 1999.

LEFEBVRE, H. *Lógica formal, lógica dialética*. Rio de Janeiro: Civilização. Brasileira, 1983.

MAFFESOLI, M. *O conhecimento comum*: introdução à sociologia compreensiva. Porto Alegre: Sulina, 2007.

MORIN, E. *Ciência com consciência*. Rio de Janeiro: Bertrand Brasil, 1996.

NAJMANOVICH, D. *O sujeito encarnado*: questões para pesquisa no/do cotidiano. Rio de Janeiro: DP&A, 2001.

OLIVEIRA, I. B. de. Estudos do cotidiano, educação e emancipação social. In: _____; SGARBI, P.. *Estudos do cotidiano & educação*. Belo Horizonte: Autêntica, 2008.

5

Notas, pautas e vozes na escola: exames, *rankings* e regulação da educação

Fátima Antunes
Virgínio Sá*

Introdução

Na senda de diversos autores, consideramos a *regulação* no campo da educação como (i) o conjunto dos mecanismos postos em ação para produzir a congruência dos comportamentos, individuais e coletivos e mediar os conflitos sociais bem como limitar as distorções que possam ameaçar a coesão social incluindo, em particular, (ii) a definição de padrões e regras que estabeleçam o quadro para o funcionamento das instituições; entendemos assim que, (iii) nos sistemas complexos, o quadro da regulação é plural e resulta da interação de múltiplos processos e atores. Nesse sentido, segundo análises recentes, a forma da *regulação* ter-se-á deslocado, nos últimos anos, de uma *regulação* através dos *inputs* — isto

---

* Instituto de Educação, Universidade do Minho, Braga-Portugal; fantunes@iep.uminho.pt; virsa@iep.uminho.pt.

é, das condições fornecidas ao sistema educativo — para uma *regulação a posteriori*, assente em determinadas realizações (*outputs*) do sistema. Assim, os resultados requeridos do funcionamento dos sistemas educativos devem ser traduzidos em desempenhos exibidos pelas escolas e face aos quais estas serão avaliadas (cf. Boyer, 1987; Aglietta, 1997; Dale, 1997 e 2005; Barroso, 2003 e 2006).

Os dados empíricos mobilizados neste texto foram recolhidos no âmbito de um estudo, ainda em curso num concelho do Norte de Portugal (convencionalmente designado *Vila Formosa*), circunscrevendo-se às escolas com oferta de ensino secundário.[1] Tomando como suporte as narrativas de dirigentes escolares, estamos criticamente conscientes de que a análise proposta envolve "um *estudo interpretativo de uma ação interpretada*" (Sarmento, 2000, p. 242).

Testemunhos recolhidos de responsáveis de escolas com ensino secundário reportam-nos simultaneamente a associação, mas também a distinção clara, entre os sentidos e os efeitos, por um lado, dos exames nacionais e, por outro, das listas ordenadas (*rankings*) que a partir deles são fabricadas. E parece ser também bastante mais expressivo o impacto, multidimensional e extensivo, dos exames face à importância, marcante e focalizada, da seriação das escolas (cf. Sá e Antunes, 2007). Assim, admitimos como hipótese de trabalho sugerida por este estudo exploratório que, se os exames finais do ensino secundário parecem representar um eixo estruturante decisivo para a organização das relações sociais nas escolas e no campo educativo, a fabricação de *rankings* com base nos desempenhos pode obter o seu mais expressivo, ainda que não único, impacto

---

1. No sistema de ensino português, o ensino secundário corresponde aos 10º, 11º e 12º anos de escolaridade e foi recentemente decidida a sua obrigatoriedade. A investigação em que se integra o estudo apresentado desenvolveu-se em três fases. No primeiro momento, de natureza mais extensiva, tomou-se como campo de observação o conjunto das escolas com oferta de ensino secundário no território em estudo. Num segundo momento reduziu-se o campo de observação a três escolas de modo a permitir um aprofundamento e contextualização da análise. Num terceiro momento, procurando intensificar a observação, foi seleccionada uma escola e um conjunto de alunos/as e professoras/es que foram entrevistados. Os dados aqui discutidos resultam das sete entrevistas aos responsáveis das outras tantas escolas em questão. Das sete escolas abrangidas, duas são privadas (uma delas com contrato de associação) e as outras cinco são públicas. As entrevistas foram realizadas aos presidentes dos conselhos executivos (PCE), nas escolas públicas, e aos diretores pedagógicos (DP), nas escolas privadas.

na tecitura das relações entre as escolas, a educação e as sociedades. É para a exploração do potencial heurístico prometido pela informação recolhida e interpretada que agora voltamos a atenção.

1. O exame como dispositivo regulador nas escolas e no campo educativo

1.1 Um referencial normativo

A constituição dos exames como *padrão normativo* em termos de objetivos e conteúdos da educação e da aprendizagem está bem estabelecida na sociologia da avaliação ao considerar os seus efeitos de racionalização e controle das práticas pedagógicas, dos conteúdos e critérios de avaliação (Afonso, 1998, p. 51, 55 e 57). A sobrevalorização das dimensões cognitivas do currículo e de determinado tipo de conhecimentos e processos é vista como condicionante, quer da definição do currículo quer das aprendizagens promovidas e realizadas. Desse modo, o ressurgimento de modalidades de avaliação centralizada, como os testes estandardizados, a partir das décadas de oitenta e noventa tem sido interpretado como uma estratégia de reforço do poder de regulação e de retoma do controlo central, designadamente sobre o currículo, por parte do Estado (Afonso, 1998, p. 166).[2]

O que frequentemente é menos sublinhado é a natureza dessa norma, pelo menos no que respeita a alguns dos aspectos analisados enquanto parte do *ofício de aluno*[3] (Perrenoud, 1995). Nesse sentido, alguns autores

---

2. Nota, contudo, Afonso que a emergência do *Estado-avaliador* foi acompanhada pela "introdução de mecanismos de mercado" o que explica, como afirma o mesmo autor, que "o controlo sobre os resultados escolares não se tenha subordinado, nem se tenha restringido, a uma mera lógica burocrática" (Afonso, 1998, p. 166). Neste contexto, os resultados do exame proporcionam ao consumidor indicadores "credivéis" e comparáveis que lhe permitem avaliar a qualidade relativa das escolas e, desse modo, fundamentar as suas escolhas.

3. Perrenoud, considerando "aceitável de um ponto de vista semântico" e "também *fecundo* do ponto de vista da análise" "falar de um ofício de aluno", afirma que "o *sucesso escolar*, abstrac-

referem os processos institucionais de *fabricação da excelência escolar* (Perrenoud, 1984) e o quanto o seu fundamento consiste na "capacidade de saber refazer no momento certo o que foi treinado durante muito tempo". A estereotipagem de comportamentos a "treinar continuamente", a limitação dos conhecimentos a exibir são ainda mencionados como ingredientes do "conformismo" requerido aos estudantes para "aprender a ter sucesso" (Perrenoud, 1995, p. 139, 145 e 137). Como refere este sociólogo, a escola coloca os alunos numa situação análoga àquela dos dançarinos concorrentes do filme *Os cavalos também se abatem*, premiando aqueles que se mantiverem na pista durante mais tempo. Assim, "a existência dos primeiros da turma" seria "o testemunho da nossa obsessão em hierarquizar".[4] Recordando que é "a própria organização do trabalho pedagógico que produz o fracasso escolar" (os resultados escolares) sendo, nesse sentido, "fabricado pela instituição escolar", Perrenoud sublinha que "ele resulta de formas e de normas de excelência instituídas pela escola" que "supostamente correspondem às finalidades que uma sociedade atribui ao ensino", expressando "uma vontade política e escolhas culturais" traduzidas pelos programas escolares (Perrenoud, 2000, p. 17-8 e 20). Admitindo que o exame projeta um padrão de desempenhos e consequentemente de propriedades e aquisições escolares que é suposto estarem-lhe associadas, na medida em que aquela norma tende a servir de referência aos professores, ela influenciará ainda o que, com base na literatura, podemos designar como o modelo de *aluno-ideal*. Esta ficção, correspondendo a propriedades sociais e escolares supostamente necessárias aos estudantes para responder positivamente às propostas, exigências,

---

tamente definido como a *apropriação do currículo formal*, se identifica, na prática, mais com o *exercício qualificado do ofício de aluno* [e que] os pais das classes favorecidas munem os filhos de um *habitus* intelectual mais próximo das exigências do ofício de aluno, o que permite, muitas vezes, um exercício deste de forma inteligente ou mesmo brilhante" (Perrenoud, 1995, p. 15, 65 e 219, ênfase no original).

4. E acrescenta: "É preciso reconstruir o sistema escolar e os seus procedimentos de avaliação no sentido da pedagogia de mestria [...]: visar competências, limiares verificáveis das aquisições de cada aluno, sem a preocupação de os classificar. Quando finalmente se tiver aceitado definir objectivos e apostar numa evoluçao formativa, os primeiros da turma tornar-se-ão uma imagem nostálgica do tempo antigo, desse tempo em que se davam notas, no século XX..." (Perrenoud, 1995, p. 146).

requisitos acadêmicos e morais do professor,[5] poderá ser apreciavelmente condicionada pelas normas de *excelência* traçadas pelo exame.[6] Também por esta via, este instrumento de avaliação externa terá impacto nas metodologias de ensino e nas concepções dos professores acerca dos alunos, do trabalho e da profissão.

Por outro lado, as dimensões (socializadoras) de "trabalhar sob pressão", "conviver com a ansiedade", acolher ou suportar a emulação constituem outras tantas aprendizagens (aquisições), mais ou menos culturalmente "herdadas" ou desigualmente distribuídas entre as classes sociais. Assim, tais capacidades ou comportamentos visivelmente constituem quer uma preocupação da "preparação para o exame", quer aprendizagens duráveis, em consonância com subjectividades desejáveis em sociedades concorrenciais e votadas à exaltação do *empreendedorismo* e do sucesso competitivos. Nesses sentidos, encontramos entrelaçados os processos discutidos nas problemáticas do *ofício do aluno*, do *currículo oculto* e da teoria da *correspondência*. Isto é, o exame parece despoletar e gerar um conjunto de situações cujos sentidos passam pela mobilização tanto de saberes e "fazeres" atuais quanto de aquisições relevantes para a vida adulta, enquanto membro das organizações e do sistema produtivos e econõmicos (cf. Bowles e Gintis, 1985).[7]

Os nossos entrevistados mencionam esse carácter do exame como *referencial normativo* quanto à concepção e à prática de educação dos jovens:

---

5. Para uma abordagem mais demorada a esta discussão, consultar o trabalho de Gomes (1987) que se apoia nos estudos de Becker (1977). Também em outros estudos empíricos se recolhe informação e procura reforçar o conhecimento em torno destes processos sociais (cf., por exemplo, Antunes, 2004).

6. Perrenoud, apoiado em Bourdieu e De Saint-Martin (1970, 1975), define "as formas e normas de excelência propriamente escolares" como "os critérios e as categorias em virtude dos quais a instituição fabrica, por meio de uma avaliação formal e informal, suas próprias hierarquias de excelência" (Perrenoud, 2000, p. 20). Daqueles dois textos, é possível encontrar em tradução portuguesa o último mencionado (cf. Bourdieu e De Saint-Martin, 1998).

7. Não ignoramos as fortes reservas existentes às duas abordagens mencionadas em último lugar; cremos que aquelas críticas são fundadas, tanto como entendemos que continua a haver sérias razões para beneficiar do potencial esclarecedor dos pontos de vista mencionados, desde que relativizados, desafiados e articulados com e a partir das análises que permitem compreender os enviesamentos produzidos (cf. por exemplo, Gintis e Bowles, 1988; Duru-Bellat e Van Zanten, 1999).

Eu penso que, ao nível do 12º ano, temos que ser muito realistas, o aluno vai fazer um exame, está em causa o futuro dele, está em causa uma média, o aluno tem quase vinte anos, é senhor de maior idade. A parte pedagógica já foi desenvolvida ao longo de onze anos de escolaridade, o aluno está a preparar-se para entrar numa universidade, eu não acho que seja errado um professor desenvolver um processo de aprendizagem de preparação para o exame, não acho que seja errado, não acho que falte aqui a componente pedagógica. [...] Não, [a componente educativa não é secundarizada] ao nível de 12º ano, não. Penso que já estamos a falar de um nível de alunos que está no final do percurso. (Presidente do Conselho Executivo da escola *Beta*)

1.2 Uma matriz de modelos educacionais

Por outro lado, o efeito de *fabricação da conformidade* ao nível do desenvolvimento do currículo, de redução da diversidade, da imprevisibilidade e da incerteza e de reforço da racionalização das práticas e de disciplinação dos professores é registado como parte do designado "processo de reflexão" sobre os resultados dos exames. Aferir se é necessário "mudar se alguma coisa correu mal", questionar "Porque é que os meus alunos este ano quebraram no exame?...", decidir uma "mudança de estratégia...",[8] eis os múltiplos canais pelos quais são disseminados os sinais para ordenar as concepções, as orientações e as práticas de desenvolvimento curricular. Nos termos de Bernstein, o exame define a ordem de relevância do conhecimento educacional, visibilizando a fronteira entre o que deve e nao deve ser aprendido e ensinado, modela a pedagogia, condicionando a *sequência* e a *ritmagem* do processo de transmissão/aquisição, com tal violência que, muitas vezes abertamente, as *explicações*[9] se tornam uma componente obrigatória e as orientações e opções pedagógico-didácticas dos programas e dos professores são reduzidas, em

---

8. Frases retiradas das entrevistas com os dirigentes escolares.

9. Trata-se de aulas particulares, pagas, geralmente individuais e da responsabilidade de um(a) professor(a).

dados momentos e aspectos a crenças desvitalizadas (cf. Bernstein, 1998; Ball, 1993 e 2002; Cortesão et al., 2006).

Nesse sentido, e com toda a propriedade, o exame veicula um *currículo oculto* (Jackson, 1991), muito mais vasto e atuante do que as funções explícitas que lhe são atribuídas e que responde pelo quadro de influência onipresente expresso no discurso dos nossos entrevistados. Aquele *currículo invisível* — imerso na experiência quotidiana e reiterada das relações e dos papéis sociais e das formas de funcionamento institucionais — terá poderosos efeitos socializadores (pela aprendizagem de significados e integração de valores, normas, modelos e padrões, pelos jovens, os docentes e as famílias que promove) e de *controle social*, já que permite a produção de ordem, de normalidade, desvio e sanção, sobretudo internas à instituição (cf. Bowles & Gintis, 1985).

1.3 Um critério (errôneo) de avaliação de desempenho das escolas: lógicas e opções ou o retorno da incerteza

Segundo os nossos entrevistados, o exame nacional de conclusão do ensino secundário fornece também o *critério de* avaliação do *desempenho* da instituição; nesse sentido, entendem como fundamental comparar e aferir os diferenciais entre as classificações dos alunos: internas (atribuídas pelo professor) e externas (obtidas nos exames); dos anos anteriores e atuais; em diferentes disciplinas; quanto às médias da escola e nacional.[10]

---

10. Nem todos estes potenciais "diferenciais" têm igual centralidade. Na verdade, são sobretudo as discrepâncias entre as classificações internas e os resultados dos exames que mais sujeitam as escolas a uma (indesejada) exposição pública pela visibilidade que lhes é conferida pela comunicação social. No suplemento do jornal *Público*, edição de 27 de setembro de 2003, intitulado "O estado das Escolas portuguesas", e onde se apresenta a "lista dos resultados de 615 escolas nas oito disciplinas com mais alunos", uma das "notícias" tem o seguinte título "Disparidades entre notas de exame e internas chegam aos 12 valores". No final do texto anexa-se uma relação de 25 escolas em que se verificam as "maiores diferenças". No suplemento do mesmo diário (edição de 22 de outubro de 2005), dedicado à mesma problemática e intitulado "*Ranking* das 595 escolas secundárias", uma das páginas é encabeçada pelo título "Diferenças entre médias nos exames nacionais e classificação interna chegam aos sete valores". Segue-se a relação das vinte escolas em que se observaram "as

OLHARES E INTERFACES

A conformidade ou a discrepância visível e não desejada, sobretudo quando se traduz num "diferencial negativo",[11] determinam se há motivos para persistir na direção seguida ou, ao invés, para preocupações e alteração de orientação.

> [...] principalmente quando há uma diferença muito grande entre a nota interna e a nota de exame, os Departamentos têm que analisar e conferir porque é que isso aconteceu. [...] Porque nós também temos, naquelas estatísticas, que vêm do Ministério, só vemos algumas que nos interessam particularmente, ou seja, o resultado entre a classificação do exame, depois a média da escola e a média nacional, nós aí estamos... pelo que eu estive a ver, é das situações em que mais se aproxima, ou seja, a nossa variação é das menores, comparando estes três fatores: classificação interna, classificação de exame, média nacional, aí nós temos as menores variações, ou seja, não temos por exemplo, média de 16 interna e depois média 13 de exame. É uma outra forma de analisar, não é pelo nível onde estamos, mas pela relação entre aquilo que nós fazemos como avaliação interna, e comparar com a avaliação externa, e depois começar a equiparar à média nacional [...]. Sim, estas coisas são discutidas em [Conselho] Pedagógico. (Presidente do Conselho Executivo da escola *Sigma*)[12]

---

maiores diferenças". No *ranking* relativo ao ano lectivo de 2005-2006, retoma-se o mesmo assunto, agora com o título "Discrepâncias são uma constante. Diferença entre médias nos exames nacionais e classificação interna chega aos 10 valores na Química e na Física". Volta a elencar-se as escolas, agora em número de dezoito, em que se verificam as "maiores diferenças" entre a "nota interna e a nota de exame" (cf. *Público* edição de 21 de outubro de 2006). Não surpreende, por isso, que o diretor do colégio de Nossa Senhora da Boavista, escola que alcançou o primeiro lugar no *ranking* de 2004, tenha afirmado: "A nota interna dos alunos não pode descer uma décima no exame" para logo de seguida acrescentar: "Em exame, um aluno pode valer mais, menos nunca" (cf. jornal *Público*, edição de 2 de outubro de 2004).

11. A discrepância não é igualmente indesejada quando se trata de um "diferencial positivo" ou "negativo", ou seja, quando o resultado interno é inferior ou superior à *norma* externa com a qual é comparado. O que "penaliza" a escola é sobretudo o "diferencial negativo".

12. Este e outros responsáveis ilustram em várias afirmações a centralidade dos exames como fonte de múltiplas referências em diversas áreas: "Neste caso concreto é..., poderemos falar dos resultados de Química do próximo ano. Nós tivemos resultados a Química, há dois anos, belíssimos, ficamos nos melhores resultados. Este ano tivemos uma quebra que ficamos impressionadíssimos, foi uma das disciplinas em que ficamos aquém da média nacional, foi uma das únicas, foi essa e uma outra. É óbvio que o professor está a refletir sobre isso, eu estou morta por ver, morta entre aspas, estou curiosa por ver se realmente a prática... Porque é que a prática mudou? Mudou e para estes

Encontramos aqui bem visível a preocupação com a medição do desempenho em termos de resultados, e a apreciação e tradução destes por meio das classificações dos alunos nos exames.[13] Fica ainda claramente explicitada uma complexa operação de fabricação de legitimidade, segundo uma *lógica de ação* industrial (cf. Derouet e Dutercq, 1997, p. 41-48), suportada por uma bateria de opções, cuja naturalização retira qualquer potencial reflexivo a este confronto da instituição com os seus resultados. Como sublinha Derouet (1992, p. 108), "[este modelo de justificação] fundado sobre a eficácia, tem necessidade de se apoiar sobre desempenhos mensuráveis. Ora isto não tem nenhum sentido no domínio da educação em que não existe nem definição precisa do produto esperado nem instrumentos fiáveis para avaliar a qualidade". Porque estes instrumentos

---

alunos, porque os do ano passado, e os resultados do ano passado, já lá foram" (presidente do Conselho Executivo da escola *Beta*). "[P]ara nós é muito importante a diferença entre a nota interna e a nota externa, temos que ter muito cuidado, e as pessoas procuram de fato que essa diferença seja mínima, e seja diminuída, e é evidente que isso afeta [ao nível da distribuição de professores]" (diretor pedagógico da escola *Gama*). "Reflete-se em termos do nosso trabalho na sala, da nossa avaliação, se nós verificássemos que estávamos muito discrepantes (para menos ou para mais), tínhamos que pensar nos nossos critérios de avaliação, a nossa exigência" (Presidente do Conselho Executivo da escola *Sigma*)."O que geralmente acontece nesta escola é que a diferença entre a nota de exame e a classificação final do 12º ano, há uma diferença de 1 ponto, 1 ponto e meio [...] Em reuniões do Conselho Pedagógico, nós fazemos sempre a avaliação dos alunos tanto em nível de exame como em nível de período, e há uma equipe de avaliação de resultados, que avalia os resultados do 1º período, do 2º período e 3º período, e temos acompanhado. [em relação] a todos os anos. É uma equipe do [Conselho] Pedagógico que trabalha na avaliação dos alunos, o que nos demonstra as disciplinas que estão com maior dificuldade, e daquilo que nós temos vindo a analisar ao longo do ano e depois no exame, não tem havido... Já há uns três, quatro, cinco, seis anos. É uma forma da escola ir-se apercebendo onde é que nós devemos jogar mais ou jogar menos (presidente do Conselho Executivo da escola *Delta*).

13. A afirmação de que "não é pelo nível onde estamos, mas pela relação entre aquilo que nós fazemos como avaliação interna, e comparar com a avaliação externa, e depois começar a equiparar à média nacional" mostra o potencial de uma "avaliação estandardizada criterial com publicitação dos resultados" (Afonso, 1998, p. 165) enquanto instrumento que, simultaneamente, permite o controle do Estado e a indução de práticas seletivas e competitivas mais próximas da ideologia do mercado. Como defende Afonso (1998), apesar da "natureza intrinsecamente seletiva e competitiva" da *avaliação normativa*, tal não significa que aquela seleção e competição não possam ser promovidas no quadro de uma *avaliação criterial*. Será o caso, por exemplo, quando à avaliação estandardizada criterial se soma a publicitação dos resultados. Neste cenário, como afirma este autor, "pela introdução da avaliação estandardizada criterial pode favorecer-se a expansão do Estado, pela publicitação dos resultados dessa avaliação pode promover-se a expansão do mercado" (Afonso, 1998, p. 165).

não são contextualizados, nem a sua natureza e significado são explicitados, o que parece restar são o esforço e o sentido legitimadores, sem que o valor que assim se afirma seja na verdade esclarecido. É apenas proclamado. O que diz a média das classificações dos alunos da escola nos exames acerca dos processos e resultados educativos aí desenvolvidos? Desta forma, não apenas o critério — as classificações e a sua média em exames nacionais de fim de ciclo — como o objeto — os diversos resultados dos alunos individuais, em vários testes — são assumidos sem explicação como medida do desempenho de uma instituição; a rede de pressupostos, relações causais e conexões não explicitadas, injustificadas, infundamentadas é infindável e totalmente inquestionada.

Aliás, a definição do que deve ser entendido como desempenho do estabelecimento escolar e quais podem ser os seu indicadores, de que produto falamos, como se mede o "valor acrescentado" pela educação, eis outros tantos focos de controvérsia e o calcanhar de Aquiles da lógica em que o sentido da ação educativa é buscado na *eficácia* (cf. Derouet e Dutercq, 1997, p. 41-48). Se esta equação positiva entre objetivos/fins e resultados é relativamente inquestionável em abstracto, quando se trata do desenvolvimento e formação de seres humanos, de projetos de sociedade, comunidade, identidade e humanidade, o acordo só pode ser construído, provisório, negociado e resultado de confrontos, conflitos e eventualmente compromissos. Olhada desta forma, a utilização dos resultados dos alunos nos exames como medida da qualidade e eficácia de uma escola e expressão do seu desempenho revela, por um lado, a força da *lógica industrial* (que, aliás, nunca esteve ausente) no mundo da educação, hoje, mas também os matizes com que aqueles objetos são interpretados (por exemplo, tomar como parâmetro a coincidência ou proximidade entre a média dos alunos *internos*[14] e a nacional; ou entre a média das classificações internas e a daquelas obtidas nos exames pelos mesmos

---

14. Os alunos *internos* são aqueles que, tendo frequentado numa escola uma dada disciplina do 12º ano no ano lectivo em questão, são propostos pelo respectivo professor e pela escola para realizar o exame nacional; os alunos *externos* são aqueles que se inscrevem como autopropostos, para realizar o exame nacional de uma disciplina numa dada escola, podendo, ou não, ter frequentado essa escola e reprovado ou anulado a matrícula.

estudantes; ou adotar ambos). Como prossegue Derouet (1992, p. 109), "Aqueles que justificam a sua ação por referência à eficácia estão então em situação permanente de falta de prova (*en situation permanente de défaut de preuve*). É sem dúvida isso que limita a expansão de um modelo que, de outro modo, seria hoje todo-poderoso".

São inumeráveis os subentendidos, contradições e não-ditos, aparências e equívocos que permeiam este "consenso por defeito" (Tanguy, 1999) em torno da validade do indicador *média das classificações dos alunos internos em exames nacionais*; queremos sugerir que tal congregação indica que estão em questão tanto, senão mais, a construção de uma ordem visível e reconhecível (há valores, escalas e prioridades?) — e a sua legitimação (a demonstração do seu valor) — como os sentidos, valores e interesses substantivos e concretos que a edificam. Por exemplo, a questão ensurdecedora é: por que são considerados apenas os alunos internos? Por que não se levam em conta as taxas de conclusão, insucesso e abandono, pelo menos em articulação com aqueles parâmetros? Esta omissão é tanto mais gritante quanto aqueles valores são referências profusamente agitadas em relação à situação do país no quadro da União Europeia.[15] Por que são ignorados e não cruzados com as médias dos exames nacionais? Por que muito frequentemente fariam desabar fragorosamente algumas das conclusões simples e imediatas que sustentam a crença de que há uma *ordem* evidente, linear e de valor incontestável. O mundo educativo apresentaria talvez múltiplas faces, alguma complexidade e certas contradições entre, por exemplo, altas médias de resultados de alunos internos em exames e muito baixas taxas de conclusão. Então, com a necessidade de atendimento a múltiplas ordens de valores (a integração como a excelência, por

---

15. Trata-se do famoso indicador de taxa de jovens que não concluíram o ensino secundário, que começou por ser designado pela expressão *saída precoce* e hoje se menciona muitas vezes como *abandono escolar* cavalgando assim, sem aviso, nem rigor, a definição administrativa e estatística do conceito, que toma por referência a escolaridade obrigatória. De tal modo que, para o leitor apressado de comparações internacionais, não se distinguiriam por exemplo Portugal e Timor-Leste alegadamente com taxas próximas de "abandono escolar", enquanto na verdade falamos de valores referidos ao cumprimento de doze e seis anos de escolaridade, respectivamente. Por outro lado, neste resvalar desprevenido dos conceitos revela-se também a quase naturalização, por ação ou omissão, dos doze anos de escolaridade como mínimo obrigatório.

exemplo; a igualdade como o mérito...), ficaria muito diminuída a legitimação possível de ser obtida com os exames nacionais.

Por vezes, esta teia de implícitos e de convicções partilhadas não enunciadas revela-se em momentos raros de limpidez e lucidez. Nessa altura, toda a conflitualidade do campo educativo emerge e sobe à tona o estilhaçar dos compromissos e entendimentos que permitiam aparentar certezas ou opções seguras acerca do que é o conhecimento valioso, de como esse conhecimento é transmitido e aprendido e como deve ser avaliado. Nesses confrontos, é admissível supor que a congregação dos diversos interessados poderá ser percorrida por frêmitos de dúvidas quantos ao significado, ao valor e à validade das classificações obtidas em exames cujos forma e conteúdo são discutidos aparentemente com o mesmo vigor, fundamento, convicção e competência por aqueles que os defendem como válidos ou contestam como irrelevantes ou, pior ainda, errados. Nessas alturas, o sustentáculo mais visível dos autores e organismos responsáveis que garantem a adequação, pertinência e relevância da prova de exame é a sua posição institucional legitimada pelo Ministério da Educação; o carácter cientificamente discutível e contestado, a parcela de arbitrário inerente às opções consagradas pelos exames aparecem momentaneamente com meridiana clareza, deslizando imediatamente para o limbo do esquecimento das pequenas incomodidades ignoradas.[16]

O exercício de construção de compromissos entre diversas posições que os exames constituem e, portanto, o seu carácter de compatibilização precária, contendo um elemento de arbitrário, reintroduz nas práticas docentes a incerteza de que o exame intenta reduzir. Trata-se de uma incerteza de outra natureza e com outras fontes; não são a diversidade de

---

16. É, na verdade, apaixonante seguir estes debates já que constituem um dos raros momentos em que se multiplicam as evidências, fatos e argumentos que destacam os confrontos entre posições e as disputas de influência mobilizando argumentos de idêntico peso científico e pedagógico, ou relevância social e demonstrando à sociedade o carácter de construção institucional e social dos exames, como do currículo, análise já clássica e profundamente atual desenvolvida há algumas décadas por Michael F. D. Young (1982). Para apreciar algumas das frequentes e vividas controvérsias recentes em torno dos exames em Portugal, consultar, por exemplo, as edições do jornal *Público* de 19 (p. 10, 12), 20 (p. 14 e 17) e 23 (p. 16 e 18) de junho de 2007 ou de 27 de janeiro de 2006 (p. 14), ou ainda de 10 de abril de 2004 (p. 6), só para apontar algumas situações ilustrativas.

opções e convicções, nem a imprevisibilidade associada aos comportamentos individuais e coletivos dos professores (ou alunos) que estão na sua origem; ao contrário, a incerteza aqui depende da equação final resultante do processo de construção dos exames que consagrará o compromisso e as orientações vencedoras em termos dos conhecimentos a valorizar, das formas da sua transmissão e aquisição a reconhecer e dos modos da sua verificação a privilegiar. Por isso é que, como assegura um dos responsáveis entrevistados,

> "a média nacional também tem variação... se há um teste que é particularmente difícil, e todos os anos acontece um ou outro que às vezes sai, em todas as escolas a nível nacional, há uma grande diferença entre a prestação interna e a de exame, para menos" (presidente do Conselho Executivo da escola *Sigma*).

1.4 Autonomia e identidade profissionais docentes ou a performatividade como tecnologia política

Para os professores, os exames e as classificações obtidas pelos seus alunos são entendidos como elementos importantes de informação e de construção da sua relação com o trabalho; as opções científico-pedagógicas podem ser condicionadas por aquelas orientações implícitas e explícitas contidas quer na concepção do teste, quer nos resultados dos estudantes, que parecem, em alguns casos, constituir objeto de um trabalho de interpretação significativo. Nessa medida, a *autonomia profissional*, tal como é definida por alguns estudiosos, é susceptível de, nas atuais condições, sofrer uma perda de sentido face a outros valores, como a *eficácia* da ação pedagógica na produção dos resultados concretos (classificações) pretendidos nos exames nacionais e a consequente *imagem* do professor assim projetada.

De uma maneira geral os professores estão muito preocupados com o cumprimento dos programas, com a preparação dos alunos para um exame final, que depois lhes vai dar acesso ao Ensino Superior. É evidente que isto não é dito diretamente, mas é implícito, a própria imagem do professor, é evidente que é mais positiva, ou menos, em função dos resultados que os alunos vão ter, quer seja até mesmo dos bons alunos, dos médios ou dos menos bons, basta ver depois da publicação das pautas de exame, os professores a anotarem, a fazerem esse estudo. [...] Alguns colegas têm exatamente essa preocupação, a de ver os resultados e comparar. (Presidente do Conselho Executivo da escola *Alfa*)

Se se entender a autonomia profissional dos professores como a "capacidade de fazer escolhas" (Afonso, 1996, p. 6), esse livre-arbítrio dos docentes parece significativamente condicionado pelas opções, frequentemente controversas, nem sempre justificadas ou previsíveis, insertas em instrumentos de avaliação nacionais como os exames. Poder-se-ia argumentar que esses são parte dos limites a considerar no enquadramento daquela, sempre relativa, autonomia profissional. A questão que fica é se o poder condicionante de uma única modalidade de avaliação não se torna excessivo, e portanto redutor, quando é tomada como referência orientadora de opções educativas e pedagógicas por órgãos responsáveis pela gestão dos estabelecimentos e pela gestão pedagógica, professores e mesmo pelos estudantes e famílias:

Por isso é que os professores do 12º ano, às vezes estarem dois, três, quatro anos é bom, porque lhes faz adquirir uma certa experiência, exatamente a este nível: "Por que é que os meus alunos este ano quebraram no exame? O que é que se terá passado aqui? Por que eu dei as aulas da mesma maneira? Por que eu faltei mais? Tenho que mudar de estratégia...; se calhar não posso...". Pronto, em termos pedagógicos há imensas formas e decisões que se podem tomar, de reflexão, da própria autoavaliação do professor. [...] Eu penso que cabe ali [no grupo disciplinar] um bocadinho mais, se realmente o nível continua a estar no mesmo professor, ou uma reflexão muito individual e realmente a decisão de mudança de estratégia de, por exemplo, trabalhar mais com os alunos, mais cedo em termos das matrizes de exame... (Presidente do Conselho Executivo da escola *Beta*)

Assim, a atenção dos professores às variações das classificações dos seus alunos, a determinação em ajustar as suas práticas pedagógicas a partir dessas informações ou ainda, para alguns, em evitar submeter a sua lecionação a essa prova,[17] sugerem que a profissão e a identidade dos docentes (o modo como se veem a si próprios e são vistos pelos pares, por aquelas categorias sociais com quem interagem no quotidiano, alunos e famílias, pelo poder político e a população), como profissionais individuais e como grupo, se veem condicionadas por esse instrumento de regulação, controle e legitimação do sistema.[18] Os dilemas e contradições não estão ausentes entre convicções e opções científico-pedagógicas dos professores e orientações adotadas para o exame (cf. Cortesão et al., 2006).

Num texto que procura discutir os novos contextos e modos de ser professor, através de uma estimulante leitura de importantes estudos disponíveis, Antônio Teodoro procura apreender as novas subjetividades e identidades docentes em gestação. Sublinhando o significado da "nova cultura da performatividade competitiva", para "a natureza da alma do professor" (Ball, 2002, p. 8), o primeiro autor refere como, a seu ver, através dos "resultados escolares dos alunos nos exames nacionais", "inúmeros relatórios e justificações", "reuniões", "vigilância e correção de exames e provas nacionais", "recolha de dados estatísticos e resposta a inquéritos de todos os tipos", "o que se produz é um espetáculo, com uma grande condescendência cínica, em que se mostra o que se sabe que as novas entidades reguladoras querem ver. Por outras palavras, fabrica-se um *véu* e uma *máscara* sob a qual se continua a agir (e a sobreviver)" (Teodoro, 2006, p. 91-92, itálicos do autor). Participando de uma *tecnologia política*

---

17. Como nos foi testemunhado: "Tem-se intensificado mais recentemente, mas sempre se fez sentir isso. Daí que por vezes alguns professores até, se pudessem, evitavam o 12° ano, porque podem não se sentir tão..." (Presidente do Conselho Executivo da escola *Alfa*).

18. O poder regulador e de controle dos exames tenderá ainda a ser reforçado pela recente aprovação do normativo que regula a avaliação do desempenho dos docentes (Decreto Regulamentar n. 2/2008, de 10 de janeiro). No referido normativo inclui-se nos "indicadores de classificação" o contributo do docente para "a melhoria dos resultados escolares obtidos pelos seus alunos" e considera-se que um dos dados que permite avaliar esse "contributo" são "os resultados dos seus alunos nas provas de avaliação externa, tendo presente a diferença entre as classificações internas e externas" (cf. alínea c), n. 5, do artigo 16°). Os elementos relativos àqueles resultados e ao possível diferencial entre "classificações internas e externas" devem ser fornecidos pelo docente em avaliação através do preenchimento do respectivo campo na ficha de autoavaliação. Estes dados serão posteriormente validades pelo órgão de gestão.

de reforma da educação (Ball, 2002, p. 6), o exame assume, assim, um lugar na modelação das práticas, como vimos, mas também da profissão e das identidades docentes.[19] Nesse sentido e como atrás referimos, a dimensão regulatória do exame parece, ao que tudo indica, ser-lhe consubstancial.[20]

2. *Ranking* das escolas: O "país à mostra"?

Rogério Fernandes, num artigo intitulado "O país à mostra", publicado no *JN* de 29 de agosto de 2001, referindo-se à divulgação, pela primeira vez, dos resultados dos exames do 12º ano na comunicação social, afirmou: "Tenho para mim, que o grande acontecimento deste Verão foi a publicação do *ranking* das escolas". Efetivamente, a decisão política de tornar públicos aqueles resultados não foi uma questão pacífica, tendo o governo de então, liderado pelo partido socialista e enquanto a pasta da Educação esteve a cargo de Augusto Santos Silva, resistido às pressões políticas (e de alguma comunicação social) para a divulgação, "por disciplina e por escola",[21] dos resultados dos exames do 12º ano de escolaridade.

---

19. Ball define *tecnologia política* como a articulação "de técnicas e artefatos para organizar recursos e capacidades humanas em redes operacionais e funcionais de poder". Como *tecnologias políticas de reforma da educação*, atualmente mobilizadas, Ball destaca: o mercado, a gestão e o desempenho/performatividade (Ball, 2002). O exame (as múltiplas provas, julgamentos e avaliações), como se procura argumentar neste texto, desencadeia extensas ou mais discretas alterações no que são e fazem os contextos e atores educativos, reformando-os, de fato.

20. Nóvoa (2005, p. 53) afirma mesmo que "a partir de meados do século XIX, o exame transforma-se no dispositivo principal de regulação das políticas educativas e das práticas de ensino" bem como "constituem o elo principal de ligação entre os professores e os pais, entre o que está dentro e o que está fora da escola. Enquanto "rituais de passagem" ocupam um lugar único na memória de várias gerações de portugueses" (escolarizados e diplomados, acrescentaríamos nós, para quebrar esta aparente universalidade na longa duração).

21. Em 26 de abril de 2001 foi discutido na Assembleia da República o projecto de Lei n. 422/VIII, apresentado pelo PSD, que obrigava à "divulgação, por escola e por disciplina, dos resultados dos exames do 12º ano de escolaridade, bem como de outra informação complementar que possibilite o conhecimento geral sobre o sucesso e insucesso escolares do ensino secundário" (Ata da Reunião Plenária n. 75 da Assembleia da República). O referido projeto de lei foi rejeitado com os votos contra do PS, PCP, Verdes e BE e os votos a favor do PSD e do CDS-PP.

Contudo, depois da intervenção da Comissão de Acesso aos Dados da Administração, na sequência de requerimentos apresentados pelo *Público* e pelo *Diário de Notícias*, o Ministério da Educação, agora sob nova liderança (Júlio Pedrosa foi designado para a pasta na sequência de uma remodelação governamental), facultou à comunicação social os resultados dos exames do 12º ano de escolaridade, dados a partir dos quais foram organizados os *rankings*. Júlio Pedrosa, como o seu antecessor na pasta,[22] sempre se manifestou crítico em relação à utilização dos resultados dos exames nacionais do 12º ano para efeitos de organização de um *ranking* oficial das escolas, alertando para a natureza "redutora" e "limitativa" daquela hierarquização.[23]

Apesar das diversas objeções que denunciavam o simplismo e os potenciais efeitos de *diabolização* das escolas do fim da lista, alguns meios de comunicação, com destaque para o diário *Público*, conferiram um grande destaque à publicitação dos resultados dos exames dos alunos do 12º ano, que organizaram na forma de *rankings* de vários tipos. Com o *dossier* "O guia essencial para conhecer as escolas do ensino secundário", publicado como *suplemento* da sua edição de 27 de agosto de 2001, o *Público* marca o início de uma prática que se repetirá nos anos seguintes, embora sem o impacto da *1ª edição*. De fato, a primeira publicação dos *rankings* gerou uma série de respostas em cadeia, traduzidas em

---

22. As posições que Augusto Santos Silva defendeu na Assembleia da República quando da discussão do projecto do PSD a que nos reportamos na nota anterior (projeto de Lei n. 422/VII) são disso um bom testemunho. No âmbito desse debate, e referindo-se à proposta do PSD, Santos Silva, então ministro da Educação, afirmou: "Tal Proposta é inaceitável. Porque não faz qualquer sentido um *ranking* oficial das escolas. Porque os efeitos sobre a imagem e o projeto das escolas que ficassem colocadas nas piores posições, na primeira classificação, assim oficialmente estigmatizadas, seriam devastadores e muito dificilmente superáveis" (AR-RP n. 75, 26 de abril de 2001).

23. O então ministro da Educação Júlio Pedrosa, além de considerar o *ranking* "redutor" e "limitativo", na conferência de imprensa que deu na altura em que foram publicados os primeiros *rankings*, invocou ainda o exemplo de "vários países", onde incluiu a Dinamarca, a Austrália e a Escócia, que tendo iniciado o processo de elaboração de *rankings* das escolas, acabaram por abandonar essa prática, dados os seus efeitos indesejados (cf. *Jornal de Notícias*, edição de 28 de agosto de 2001). Neto-Mendes et al. (2003b), num texto em que apresentam um "Estudo Exploratório" sobre o "*Ranking* de escolas em Portugal", "sem pretenderem esgotar o assunto", discriminam dezesseis informações/dados que a maioria dos *rankings* de algum modo ocultam e que, como deixam subentender, seriam importantes para relativizar/contextualizar o significado e validade dos referidos *rankings* como indicadores do desempenho das escolas.

tomadas de posição na comunicação social, seja condenando, ou expressando receios, quanto aos "efeitos perversos" que a divulgação daqueles resultados poderia induzir, seja manifestando aquiescência em relação à referida iniciativa. As estruturas sindicais docentes, o movimento associativo de pais, através da sua Confederação (Confap), e mesmo alguns responsáveis da administração educacional, posicionaram-se claramente do lado dos "críticos", denunciando não só o simplismo com que alguns meios de comunicação elaboraram o *ranking* das escolas secundárias a partir dos resultados dos exames do 12º ano divulgados pelo Ministério da Educação, mas também alertando para os efeitos perversos que esses *rankings* poderiam produzir nas escolas e nos alunos.[24] Alguns estudos já publicados, que procuram discutir quer investigações disponíveis sobre outros países, quer o debate e práticas de divulgação de listas ordenadas de escolas verificadas no contexto português, manifestam-se igualmente muito preocupados quanto às consequências mais ou menos insidiosas de tal seriação pública (cf. Santiago, Correia, Tavares e Pimenta, 2004).

Apesar de os *rankings* das escolas poderem ter "resultados devastadores" e efeitos "perversos e nocivos" e serem considerados uma forma "preguiçosa" de avaliação (Conselho Nacional de Educação — CNE, 2005, p. 8)

---

24. A reação da Confederação das Associações de Pais (Confap) é particularmente significativa por ter sido em nome deste coletivo que a divulgação daqueles resultados foi reclamada/justificada. Ora, as posições públicas assumidas por alguns dos seus representantes oficiais evidenciam sérias reservas quanto à pertinência da organização dos *rankings* das escolas, denunciando também o carácter redutor e descontextualizado daquela hierarquização. Foi esta, por exemplo, a posição assumida por Maria Helena Dias na sua intervenção no Seminário Nacional da Fenprof, realizado em Lisboa em 22 de abril de 2002, onde esta representante da Confap considerou que o *ranking* publicado pelos meios de comunicação social em agosto de 2001 assentava em "resultados completamente extraídos fora do contexto". No mesmo Seminário, subordinado ao tema "Caminhos para a avaliação das escolas em Portugal", vários oradores retomaram as críticas em relação à constituição de uma "Liga" das escolas. Paulo Sucena, secretário-geral da Fenprof, Maria José Rau, inspetora geral da Educação e Teresa Ambrósio, presidente do Conselho Nacional da Educação, foram alguns dos intervenientes nesse Seminário que, de forma mais ou menos contundente, expressaram reservas quanto ao valor daqueles *rankings*, não só pela sua natureza desterritorializada, mas também pelos riscos que uma ênfase excessiva nos resultados dos exames envolve, podendo desvirtuar a prática pedagógica transformando a escola numa "instituição invertebrada" (cf. *Diário de Notícias*, edição de 23 de fevereiro de 2002).

e de a atual ministra da Educação os classificar como "limitados e pouco interessantes" e admitir que possam constituir um exercício "negativo e deturpador",[25] desde 2001 que, ano após ano, os *media* têm publicado a tabela ordenada das escolas, embora nem sempre baseados nos mesmos critérios, permitindo assim *ligas* para (quase) todos os gostos. Em qualquer dos casos, é pouco provável que as escolas fiquem indiferentes à posição relativa que lhes é devolvida, mesmo quando fundamentadamente relativizam o valor do rótulo que lhes imprimem. Importa por isso compreender de que modo as escolas recepcionam aquela seriação, que tratamento lhe é conferido, que impacto tem nos processos internos, nomeadamente na gestão dos recursos humanos docentes e na definição das prioridades em relação ao que é pertinente ensinar e de que modo e em que medida se reveem no *retrato* público que lhes impõem.

Os dados empíricos aqui mobilizados foram recolhidos no âmbito de um estudo mais vasto que, como se explicita na parte introdutória deste texto, se enquadra nos complexos processos de (multi)regulação da educação (Barroso, 2003 e 2006). Como se referiu, foram inquiridos os responsáveis pelos órgãos de gestão das sete escolas que integram a nossa amostra. Para efeitos desta análise, selecionámos apenas os trechos das entrevistas em que confrontamos os dirigentes escolares entrevistados com a problemática dos *rankings* das escolas. Sempre que nos reportemos à posição das escolas da nossa amostra nos *rankings*, e para seguirmos um critério de hierarquização uniforme, tomaremos por referência as tabelas ordenadas divulgadas pelo jornal *Público* no período compreendido entre 2001 e 2006, elaboradas com a colaboração da Universidade Católica.[26] Uma análise global aos resultados dos exames do 12º ano utilizados na elaboração dos *rankings* permite-nos concluir que as escolas da nossa amostra são relativamente heterogêneas, pois se a escola melhor posicionada (escola *Alfa*) nunca desceu abaixo do quadragésimo lugar, a pior posicionada (escola *Ómega*) nunca atingiu os primeiros duzentos

---

25. Cf. *Destacável "Ranking* das 595 escolas secundárias", jornal *Público*, edição de 22 de outubro de 2005.

26. Não utilizaremos o *ranking* relativo ao ano de 2002, elaborado por uma equipa da Universidade Nova de Lisboa por encomenda do Ministério da Educação, por se basear em critérios diferentes e, portanto, não permitindo a sua comparação com os restantes anos.

lugares. Nas cinco séries de *rankings* que tomamos como referência,[27] e restringindo a análise às sete escolas da nossa amostra, a escola *Alfa* ocupou sempre a primeira posição e a escola *Ómega* ocupou reiteradamente os últimos lugares (sexto ou sétimo). A escola *Gama, com* exceção de um dos anos, posicionou-se de modo consistente em segundo lugar. As restantes quatro escolas apresentam maiores oscilações, trocando frequentemente de posição entre si, e apresentam flutuações de ano para ano, no *ranking* nacional, que ultrapassam os duzentos lugares.

2.1 Os rankings *como "publicidade enganosa"*

Um dos eixos transversais ao conjunto dos trechos das entrevistas que reproduzem os discursos dos dirigentes das escolas quando se aborda a validade dos *rankings* como reflexo da *qualidade* da escola consiste na recorrente desqualificação (em graus variáveis) daquele indicador como suposto valor da escola, mesmo quando se ocupa uma posição invejável:

> Eu estou à vontade para falar sobre isso [*rankings*] porque a escola até está bem cotada, mas eu acho que não faz sentido, porque há muitas coisas por trás. [...] até porque nós também sabemos, que há muitos alunos que procuram determinadas áreas, mas que já têm uma formação exterior que não tem nada a ver com a escola. Nós sabemos também, que há aqui alunos que vêm para o 10º ano, com explicações marcadas a determinadas disciplinas, o que eu acho ridículo, mas isso acontece. Portanto, não é só o que aprendem aqui na escola que os vai ajudar, ganhamos uma escola paralela. [...] Por isso, acho que no fundo o *ranking* é só para mostrar que houve um trabalho de resultados de exames, mas acho que é injusto mostrar o que as escolas valem só pelo que aparece no *ranking*. Há uma escola paralela que não é avaliada. (Presidente do Conselho Executivo da escola *Alfa*)[28]

---

27. Esclarecemos novamente que nos reportamos aos *rankings* do jornal *Público* relativos aos anos de 2001, 2003, 2004, 2006 e 2006, ou seja, deixamos de fora o ano 2002 por obedecer a uma hierarquização baseada em critérios diferentes.

28. Nos últimos resultados disponíveis quando da realização da entrevista, a escola *Alfa* ocupava, no *ranking* do *Público*, a melhor posição no concelho de *Vila Formosa* e estava entre as trinta primeiras no *ranking* nacional.

Para além da "escola paralela", a nossa entrevistada reconheceu que, na escola que dirigia, existiam outras variáveis que poderiam desvirtuar o significado da posição nos *rankings*. Constatando que a escola tinha vindo a melhorar a sua posição na *liga* desde que se iniciara a publicação dos resultados, esta dirigente escolar, para além de considerar a motivação e o empenho dos professores como fatores de sucesso, incluiu também a possibilidade de se praticar "alguma seleção":

> A única resposta que eu tenho é, pelo fato da procura, como já disse desde o início, da procura ser maior do que o número de lugares disponíveis, em termos físicos, faz com que haja alguma seleção" (Presidente do Conselho Executivo da escola *Alfa*).[29]

Contudo, o discurso é naturalmente mais crítico e denunciador quando a posição na tabela ordenada é, em termos relativos, menos favorável. Aqui, para além de se desvalorizarem os *rankings*, faz-se uma crítica velada aos procedimentos de outras escolas do concelho de *Vila Formosa* e sugerem-se mesmo algumas *démarches* que poderiam ajudar a desocultar os expedientes de que se socorrem algumas escolas para atingir algumas posições "perto do topo do *ranking*":

> Os *rankings* não traduzem a qualidade da escola por muitíssimas razões, uma escola pública, por exemplo, que apenas apresente a exame meia dúzia de alunos do 12º ano de duas disciplinas, colocá-la no topo do *ranking*, não tem qualquer sentido, nomeadamente se ela está a ser comparada com escolas públicas, ou privadas, que apresentam a exame 300 ou 400 alunos de

---

29. Esta dirigente escolar assumiu claramente que, dado que em determinados cursos a procura era superior à oferta, e quando a aplicação dos critérios definidos pelos Ministério da Educação não eram suficientes para decidir quem era ou não admitido, que recorriam aos resultados escolares, dando prioridade aos alunos que "têm as notas mais altas". Quando a questionamos sobre os critérios que utilizam na admissão dos alunos esclareceu: "Cumprimos a lei em primeiro lugar, [...] e só depois é que entram, se houver lugar, outros alunos. Só que em relação a algumas áreas nós temos, mesmo assim, alunos a sobrar e, quando sobram, ficamos com os que, mesmo cumprindo todos os outros parâmetros, ficamos com aqueles que têm as notas mais altas. Não conseguimos outro critério mais objetivo. Já chegaram a pôr-nos a hipótese: 'então porque é que não fazem sorteio?' claro que não foi a administração que o disse, são as pessoas descontentes, mas claro que isso não é critério" (Presidente do Conselho Executivo da escola *Alfa*). Esclareceu ainda a nossa entrevistada que o critério da "nota mais alta" foi aprovado pelo Conselho Pedagógico da escola.

todas as disciplinas. [...] Bastaria, por exemplo, e esta análise é possível numa escola que congregue alunos de diferentes níveis, uma escola que tenha por exemplo, 2° ciclo, 3° ciclo e secundário, fazer uma análise do número de alunos que a escola tem em cada um destes ciclos, e verificar como é que esta pirâmide se comporta. Se eu tenho, por exemplo, 300 alunos no 2° ciclo, tenho 700 no 3° ciclo e tenho 200 no secundário, eu podia-me interrogar quais as razões desta pirâmide esquisita. [...] Provavelmente eu não garanti que todos os alunos do 9° ano pudessem frequentar o ensino secundário, se calhar eu estabeleci alguns critérios de aceitação dos alunos. [...] e então se nós verificarmos depois o que se passa no ano terminal do secundário, ... e até mais, se aprofundarmos mais esta parte final, de quantos alunos é que se propõe a exame no 12° ano, teremos, provavelmente, algumas justificações muito realistas para algumas situações no *ranking*, para algumas situações muito perto do topo do *ranking*... poderá ter muito a ver com isto. (DP da escola *Ómega*)

A posição assumida pelo dirigente da escola *Delta* reflecte também a secundarização dos *rankings*, denunciando o seu caráter descontextualizado e "manipulável", preferindo conferir prioridade a outras agendas:

Nós sabemos que a publicação ou a publicidade desses resultados é um erro crasso, porque não tem tido em conta determinadas condicionantes. [...] nós não fazemos como faz a escola *Alfa* que vão à média, nós não vamos à média para absorvermos os alunos, a escola *Alfa* só queria alunos de 5, fazem uma seleção de entrada, com o objetivo de no final do 12° ano ter grandes notas. Nós não entramos nesse campo, a escola é aberta à comunidade, não nos preocupa que estejamos em 10° ou em 20° ou em 30°, não nos preocupa. [...] Se me permitissem cair em cima de alunos mal comportados, se me permitissem escolher os docentes, se me permitissem escolher os alunos... eu garanto que esta escola, ou qualquer outra escola, estaria em 1° lugar, ... nós não ligamos porque chegamos à conclusão que a certa altura não vale a pena ligar, porque as pessoas que fazem esses *rankings* estão em gabinetes e não sabem o que é que se passa na escola. A mim não me interessa que estejamos em 50°, mas interessa-me o seguinte, por exemplo, ter aqui desporto escolar, temos todos os anos saraus de ginástica artística ... eu estou mais preocupado com isso do que com o *ranking*, e as pessoas que só pensam ou que só fazem esse estudo, não veem que cada escola é uma escola. (PCE da escola *Delta*)

Na escola *Sigma* alinha-se pelo mesmo diapasão de uma certa des-valorização dos *rankings*, embora se admita que as posições que a escola tem vindo a alcançar nas tabelas graduadas possam corresponder à sua "autoimagem". De resto, também aqui, a preocupação parece ser mais com o sucesso dos alunos do que com a posição no *ranking*, admitindo-se que, mudando a "filosofia da escola", facilmente se alteraria a posição na hierarquia do "sucesso":

> A nossa posição no *ranking* tem mais ou menos correspondido àquilo que é a nossa própria imagem, enquanto escola, e das características da escola e da forma como nós avaliamos. [...] A posição não nos diz nada; o *ranking* diz na medida em que a gente vai ficando com o trabalho dos cursos tecnológicos, quantos alunos é que entraram no 10º ano e quantos é que concluem os três anos, quantos é que ficaram pelo caminho [...], portanto o *ranking* não mede nada, porque se nós, pelo *ranking*, mudássemos a nossa filosofia de avaliação [...] aquilo que poderíamos utilizar do *ranking* nas escolas era: quantos alunos entraram para o 10º, quantos é que chegaram..., e claro [...] dos alunos que anulam a matrícula ou que são transferidos, por que esses deixaram de fazer parte, logo no 10º ano, mas depois nos anos seguintes seria interessante..., por isso é que nós em relação à prestação que fazemos sobre o *ranking* [...], o *ranking* mede também muito outros fatores. (Presidente do Conselho Executivo da escola *Sigma*)

Se os *rankings* mereceram uma crítica generalizada dos nossos entre-vistados, em casos pontuais foi-lhes reconhecido um papel fundamental na mudança da "imagem" da escola e, como consequência, na sua capa-cidade de fidelizar públicos. Foi na escola *Beta* que registramos os depoi-mentos mais positivos. Quando perguntamos à responsável pelo órgão de gestão desta escola quais os efeitos da publicação dos *rankings*, a sua resposta não se fez esperar:

> O caso é que nós nos *rankings* temos ficado sempre muito bem situados. Não é por acaso que a tal imagem da escola, a escola não é tão má para os meninos saírem daqui para a escola *Alfa*, porque moram aqui e os pais não têm que pagar transporte etc. Tem muito a ver com a imagem que esses *rankings* deram, que projetaram para fora apesar de eu ser crítica em relação

aos *rankings*. […] Mas, efetivamente, os *rankings* projetaram uma imagem da escola que ela não tinha. Como sabe, a escola *Beta*, uma escola de periferia, fica lá para *cascos de rolha*, ainda por cima parece que há lá uns ciganos, a droga e não sei o quê. […] Antes do *ranking* era essa [a imagem], antes do *ranking* e desde a origem, a escola *Beta* sempre esteve conotada com este tipo de problemas, de má vizinhança, de ciganos, por acaso só temos algumas ciganas, podíamos ter não havia nenhum problema. […] Por que é que esta escola não reduz a sua população estudantil? Por que, efetivamente, tem havido um grande esforço da escola, o *ranking* também ajudou a isso. Nos primeiros anos aquele impacto, não digo agora tanto, mas aquele primeiro impacto ajudou. (Presidente do Conselho Executivo da escola *Beta*)

Relativizando ou desautorizando completamente os *rankings* enquanto indicador da qualidade das escolas, os nossos entrevistados não deixam de reconhecer, em graus variáveis, que aqueles condicionam os processos internos e afetam a "moral das tropas". Como nos observou um dos dirigentes escolares, "O primeiro passo é desvalorizar os *rankings*: 'aquilo não serve para nada'. Mas ninguém gosta de ficar abaixo dos outros. […] Os *rankings* condicionam, claramente, o modo de organização das escolas" (Presidente do Conselho Executivo da escola *Kapa*). De resto, os professores não ficam indiferentes à posição da sua disciplina relativamente ao conjunto das disciplinas da escola e do *ranking* nacional, o que não deixa de ter repercussões na definição do modo e dos conteúdos do que "merece" ser ensinado, com potencial efeito empobrecedor da paleta de funções da escola e da autonomia profissional docente.

2.2 Trabalhar para o ranking e as relações entre as escolas, a educação e as sociedades

A expressão *trabalhar para o ranking* surgiu no discurso de um responsável para referir um amplo conjunto de orientações e ações coletiva e institucionalmente assumidas, de forma explícita (o que não significa transparente, embora por vezes também o seja), com o sentido de "trabalhar para a posição, trabalhar para estes resultados" (DP da escola *Ómega*). Segundo este entrevistado:

> A questão dos *rankings* é assim: qualquer escola que queira trabalhar para o *ranking* (trabalhar para o *ranking* é uma expressão que penso que hoje em dia é comum) [...] tem obviamente de assumir algumas alterações de filosofia da própria escola, alterações de projeto da escola. (DP da escola *Ómega*)

Encontramos então a menção a diversos cursos de ação, cuja *lógica* ou *princípio de justificação* reside na competição (Derouet e Dutercq, 1997). E a situação é encarada como de tal modo incontornável que alguns responsáveis veem como legítimas as decisões assim tomadas, pois "se tiver que combater novamente os *rankings*, tenho que me sujeitar às regras do mercado, mas só com muita dificuldade, para mim não faz sentido" (Presidente do Conselho Executivo da escola *Kapa*). É muito clara a percepção de que vivemos uma conjuntura em que as regras do jogo premeiam aqueles que melhor se adaptarem e souberem fazer o necessário para que os resultados apareçam, o que, de resto, não está ao alcance de muitos. Algumas medidas são indicadas, quase como se se tratasse dos mandamentos para alcançar uma boa posição no *ranking*; se esse conjunto de medidas se afigura mais da natureza das convicções do que dos princípios de uma gestão eficaz para o sucesso no *ranking*, não dispomos de evidências para o discutir. Temos informação, isso sim, e conhecimento por experiência pessoal, de escolas posicionadas no topo de uma das listas ordenadas elaboradas pela Comunicação Social em que tais orientações e práticas são desenvolvidas; sabemos também que um fenômeno social é real quando é real nas suas consequências, como aliás atesta, entre outros, o processo conhecido como a *profecia autorrealizável* (Rosenthal e Jacobson, 1976). Desse modo, os nossos entrevistados indicam que:

> O que a maior parte das escolas fazem é isso, fazem as turmas assim [heterogêneas] e depois preocupam-se em fazer duas turmas *arranjadinhas*. É a A e a B. Pode haver razões boas e razões menos boas. As boas são as de poder competir no tal *ranking*, porque turmas boas com professores bons, garantem à partida melhores resultados. (Presidente do Conselho Executivo da escola *Kapa*)

São-nos, assim, indicadas um conjunto de medidas favoráveis à conquista de uma posição lisonjeira nas listas ordenadas dos *mass media* e, consequentemente, na opinião do "público que conta":

(i) "não garanti[r] que todos os alunos do 9º ano [possam] frequentar o ensino secundário, se calhar estabelec[er] alguns critérios de aceitação dos alunos" (DP da escola *Omega*);

(ii) "constituir turmas com alunos, de estratos sociais médios ou elevados, de forma a que no final do ano, esses alunos possam compensar largamente os resultados menos favoráveis" (DP da escola *Omega*);

(iii) "no 10º ano de escolaridade chamar os pais um a um e dizer-lhes, por exemplo: 'Tenha muita paciência, mas daqui a três anos o seu filho vai ter exames e, se o seu filho tiver maus resultados nos exames, a imagem da escola é prejudicada e eu até tenho aqui uma indicação de alguns *explicadores* conceituados na área, que lhe podem dar *explicações*', de forma a que o aluno tenha melhores resultados" (DP da escola *Omega*);

(iv) reprovar alunos que possam dar má imagem à escola nos exames.[30]

O que não pode deixar de nos interpelar como sociedade é, a confirmar-se esta sugestão, o fato de que, quando se fala das *melhores* escolas, se evoca seleção e discriminação mais do que democratização e inclusão em educação.

Estudos empíricos recentes em torno do "mercado" em educação, da "livre-escolha" da escola, da combinação deste e do dispositivo da 'carta escolar' enquanto reguladores dos fluxos de alunos, argumentam

---

30. Como refere o presidente do Conselho Executivo da escola *Kapa*, "Os *rankings* o que é que pedem? Pedem que os alunos façam exame, como internos, mas 40% dos alunos são excluídos do 12º ano e vão fazer exame como externos. Claro, há sempre um *bluff*, uma ficção, não há rigor. A minha percepção é que [...] vá a uma escola, seja ela qual for, e veja a taxa de reprovação no 12º ano. Passa de 50% [...] mas a diferença entre alunos internos e alunos externos também é grande. Todas as escolas, mais ou menos devem andar por aí, 10º ano com 20/30%, 11º não, as taxas de insucesso são baixas, no 12º ano dispara tudo. Mas também tem a ver com lógicas, por exemplo, anular a matrícula para depois ter mais possibilidades". É verdade, sem dúvida, pelo menos a assombrosa dimensão quantitativa da reprovação no 12º ano. Aliás, tivemos ocasião de consultar algumas páginas oficiais de escolas no sítio de ME, em que constavam taxas de aprovação no 12º ano de menos de 30%, em alguns casos, e pouco acima desse valor em outros. Tratava-se, em ambas as situações, de escolas situadas no topo da lista ordenada ao longo de vários anos (cf. <http://www.min-edu.pt>).

que, em Portugal, é visível a transição de uma coordenação através da oferta para uma influência significativa, mesmo que localizada, da procura. Designadamente, uma dessas pesquisas averigua os modos como o serviço de educação a que diversos segmentos da população tem acesso é modelado de forma crucial pela configuração específica dos dispositivos e processos de regulação, mobilizados agora nos contextos de ação locais e organizacionais. No entanto, mesmo que a "atratividade" dos estabelecimentos de ensino se afigure manifestamente distinta, e que a vinculação das escolas à procura de que são alvo e aos territórios se mostre também variável, os autores afirmam que a "tônica dominante nas lógicas externas e internas desenvolvidas pela gestão das escolas continua a ser a do 'serviço público' universal e igual para todos, mesmo se, na prática, ele apresenta deficiências e desigualdades importantes" (cf. Barroso e Viseu, 2006, p. 158).

2.3 Imagens contrastadas e os efeitos da polarização

Alguns estudos sobre os *rankings* apontam os "efeitos disciplinadores nas escolas", recenseando uma pluralidade de implicações para os estabelecimentos, os alunos, famílias e professores (cf. Santiago, Correia e Tavares, 2004, p. 43 ss.).

Aparentemente, os nossos entrevistados tendem a considerar que os efeitos das listas ordenadas são efetivos na estratificação das escolas em termos da cristalização de imagens polarizadas para alguns estabelecimentos, criando categorias de mérito e opróbrio, permitindo a distinção de algumas poucas, enquanto a maioria se integrará numa espécie de grupo parcamente diferenciado.[31]

---

31. A diluição da distinção não se refere ao sentido de identidade e singularidade das escolas que é intensamente vivido e vincado pelos entrevistados; aquela indiferenciação reporta-se antes a um eventual escalonamento tendente a maximizar a distinção e distância entre os estabelecimentos e que não parece ser muito valorizado. Em suma: estamos convictos de que os nossos entrevistados diriam que as escolas de *Vila Formosa* ou Portugal são todas diferentes, mas tendem a sublinhar mais

As categorias-chave desta *estória* parecem ser *imagem* e *marketing*. Em todas as escolas incluídas neste estudo estão presentes essas preocupações, todas investem uma certa parcela dos seus recursos (humanos, materiais, simbólicos) na maximização dos benefícios a retirar de uma e outro; todas enfatizam, por um lado, e relativizam, por outro, os efeitos do *ranking*. No entanto, referem dois aspectos em que queremos deter-nos com alguma atenção: o *ranking* intensificou processos anteriores, visibilizou desenvolvimentos que ocorriam já em surdina; amplificou efeitos e agudizou consequências (isto é, realmente novo, não trouxe nada); ou o *ranking* potenciou pressões, instabilidades, desequilíbrios, fragilidades, em suma, alimentou os fatores de crise e delapidou os recursos de sustentação, fortalecendo ameaças e avivando feridas (como uma perigosa infecção, parece ter contaminado todos os campos e atenções). Esta dupla face, revelada nos últimos dez anos, transformou em profundidade o nosso sistema educativo, revelando novos contornos das lutas culturais no nosso país.

Avançaremos apenas com alguns elementos ainda fragmentários desta dimensão que pode vir a integrar o novo *modo de regulação*. Ball (1995) propõe, para caso do Reino Unido, a consideração de que o mercado educacional está em curso enquanto estratégia da classe média para reserva de privilégios e luta por posições, estatuto, prestígio e poder sociais. Esta leitura das dinâmicas e processos sociais constitui uma abordagem interessante e promissora para a compreensão dos fenômenos, com potencial heurístico para sugerir pistas importantes de uma interpretação contextualizada das realidades portuguesas.

Tomemos como ponto de partida esta perspectiva de que "[anterior ao *ranking*] [...] também já havia resultados, quem era conhecedor do sistema sabia que esses resultados existiam e podia dizer", mas agora "tem que se lutar, tem que se construir uma imagem, tem que se construir uma referência" (Presidente do Conselho Executivo da escola *Kapa*). Aparentemente, sim, a hierarquia dos estabelecimentos e das suas populações é rigorosamente uma persistente tradição, que foi assumindo novas formas

---

os efeitos dramáticos que o *ranking* teve ao eleger a(s) *melhor(es)* ou a(s) *pior(es)*, do que para o posicionamento da imensa maioria dos estabelecimentos de ensino, em que, com excepção de um (a escola *Alfa*), se inserem.

à medida que a sociedade portuguesa se foi transformando. A consagração da educação básica e obrigatória de nove anos, pela Lei de Bases do Sistema Educativo em 1986, pode ser tomada como o sinal inicial de uma nova fase que, transformando o ensino secundário no *funil* do sistema, alterou simultaneamente a forma das *lutas concorrenciais* (Bourdieu, 1979) em torno da educação. A distinção e a transmissão e reserva de privilégios, não apenas através do nível que se alcança, mas da criação de *clubes* ou *nichos exclusivos* onde a acumulação de recursos e vantagens culturais e simbólicos tem lugar, foram sustentadas em instrumentos e mecanismos de liberalização informal do setor: a *escolha* da escola e a *concorrência* daí resultante assumiram um papel na organização do mesmo, articulando-se de formas sutis e complexas com processos novos e anteriores de funcionamento do sistema. Assim, é nos meios urbanos que a conjugação entre diversos *loci* de regulação do sistema configuram o campo onde as *melhores* escolas e as escolas *normais* (e, às vezes, as *piores* escolas) são designadas. A combinação de medidas de política educativa com recursos e cursos de ação que as diferentes escolas e as diversas categorias de famílias e jovens detêm e adotam constituem uma tríade de fontes de dinâmicas em que os *rankings* assumem forma, força e sentido.

3. O exame nacional e a "liga" de escolas: regulação e controlo social centralizados, lutas culturais e decisões e estratégias organizacionais

Sublinhamos a capacidade estruturante das relações sociais internas à escola e as dimensões *regulatórias* e de *controle social* do exame nacional. Fica assim, uma vez mais, indiciado o seu caráter de poderoso instrumento político, na medida em que participa de uma importante *tecnologia política* de mudança educativa: a performatividade/desempenho. Este estudo permitiu, ainda, ir mais longe na discussão ao indiciar a natureza de alguns dos impactos multidimensionais do exame nacional:

(i) favorece a incorporação no *ofício de aluno* do conformismo, da estereotipagem de comportamentos e da limitação pragmática de conhecimentos a exibir, como resposta a processos institucionais de *fabricação de excelência*;

(ii) projeta um modelo de *aluno-ideal* cujos efeitos merecem ser estudados;

(iii) promove a criação de situações e experiências de aprendizagem deliberadamente votadas ao desenvolvimento de traços de personalidade promovidos por referência a uma ética fundada em valores e fins oriundos da esfera econômica;

(iv) sugere e induz modelos de educação e de carreira escolar, concepções de currículo, de pedagogia e de avaliação;

(v) fornece um critério, errôneo mas efetivo, de avaliação do desempenho da instituição;

(vi) altera as condições de exercício da autonomia profissional e de construção de identidade docente.

Explorar e documentar as vias, modalidades e limites em que tais impactos do exame nacional se desenvolvem e os processos protagonizados pelos diversos atores individuais e coletivos, docentes e estudantes, estado, escolas, famílias, eis um estimulante programa de pesquisa sociológica.

Paralelamente, nos testemunhos analisados, reconhece-se o impacto da publicitação dos *rankings,* elaborados a partir dos resultados dos referidos exames, na reconfiguração das lógicas, orientações, prioridades e processos mobilizados pelas escolas nos momentos em que efetivam determinadas *escolhas organizacionai*s, denunciando, simultaneamente, o seu carácter de "publicidade enganosa".

A publicitação de diversas "ligas" nacionais de escolas constitui uma pressão adicional, face à qual as escolas, segundo os seus responsáveis, mobilizam parte dos seus recursos materiais e simbólicos para alimentar uma imagem favorável e o *marketing* capaz de a potenciar. Por outro lado, a seriação de escolas afigura-se importante sobretudo na medida em que induz ou condiciona decisões em situações particulares relacionadas sobretudo com *escolas que queiram trabalhar para o ranking* (diretor pedagógico da escola *Ómega*). Assim, a atribuição de professores a anos curriculares/

turmas, a organização de turmas, a realização de matrículas, a orientação ou pressão sobre os alunos para frequentarem aulas particulares (*explicações*), a seleção dos alunos propostos a exame pela escola (alunos *internos*) constituem "provavelmente justificações muito realistas para algumas situações muito perto do topo do *ranking*" (diretor pedagógico da escola *Ómega*). Nessa medida, a construção de listas ordenadas parece ter, no que respeita à estratificação das escolas, impacto sobretudo quanto à fabricação de *imagens* contrastadas: as *escolas da moda*, por um lado; as *escolas-refugo*, por outro; a imensa maioria das escolas em posições intermédias ficaria relativamente intocada quanto ao particular aspecto da *imagem*. No entanto, o *ranking* produz efeitos sociais (polarização de escolas e alunos), políticos (concentração de poderes e de recursos em grupos, categorias sociais), ideológicos (promoção de mecanismos de escolha, de concorrência e de mercado) e morais (afirmação de valores de mérito e sucesso individual, como base para o vínculo e a ordem social).

As "ligas" nacionais de escolas parecem então constituir sinais exteriores das formas e estratégias imprimidas às lutas culturais concorrenciais em torno da educação, sobretudo marcadas pela assertividade e influência de frações da classe média, a avaliar pela argumentação de alguns analistas; esboçam-se, deste modo, novos contornos das lutas culturais no nosso país e alguns elementos ainda fragmentários que podem vir a integrar o novo *modo de regulação*. A ser assim, que posicionamentos podem ser encontrados nas atuações do estado, das escolas, dos professores e das famílias?

Referências bibliográficas

AFONSO, A. J. A avaliação dos professores: um novo desafio ao profissionalismo. *Rumos*, n. 9, p. 6, mar./abr. 1996.

_____. *Políticas Educativas e Avaliação Educacional*. Braga: Universidade do Minho, 1998.

AGLIETTA, M. *Régulation et crises du capitalisme*. Paris: Éditions Odile Jacob, 1997.

_____. *Políticas educativas e avaliação educacional*. Braga: Universidade do Minho, 1998.

ANTUNES, F. *Políticas educativas nacionais e globalização*. Novas instituições e processos educativos. O subsistema de escolas profissionais em Portugal (1987-1998). Braga: Universidade do Minho, 2004.

BALL, S. Education policy, power relations and teacher's work. *British Journal of Educational Studies*, v. XXXXI, n. 2, p. 106-121, 1993.

_____. Mercados educacionais, escolha e classe social: o mercado como uma estratégia de classe. In: GENTILI, P. (Org.). *Pedagogia da exclusão*: crítica ao neoliberalismo em educação. Petrópolis: Vozes, 1995.

_____. Reformar escolas/reformar professores e os terrores da performatividade. *Revista Portuguesa de Educação*, v. 15, n. 2, p. 3-23, 2002.

BARROSO, J. Regulação e desregulação nas políticas educativas: tendências emergentes em estudos de educação comparada. In: BARROSO, J. (Org.). *A escola pública*: regulação, desregulação, privatização. Porto: Edições ASA, 2003. p. 19-48.

_____. O Estado e a regulação: a regulação transnacional, a regulação nacional e a regulação local. In: _____ (Org.). *A regulação das políticas públicas de educação*. Lisboa: Educa/UIDCE, 2006. p. 41-70.

_____; VISEU, S. A interdependência entre escolas: um espaço de regulação. In: _____ (Org.). *A regulação das políticas públicas de educação*. Lisboa: Educa/UIDCE, 2006. p. 129-162.

BECKER, H. S. Social-class variations in the teacher-pupil relationship. *School and society: a sociological reader*. Open University, 1977.

BERNSTEIN, B. *Pedagogia, control simbólico e identidad*. Madrid: Morata/Paideia, 1998.

BOURDIEU, P. *La distinction*: critique sociale du jugement. Paris: Minuit, 1979.

_____; DE SAINT-MARTIN, M. L'excellence scolaire et les valeurs du système d'enseignement français. *Annales*, n. 1, p. 147-175, 1970.

BOURDIEU, P. Les catégories de l'entendement professoral. *Actes de la Recherche en Sciences Sociales*, n. 3, p. 68-93, 1975.

_____. As categorias do juízo professoral. In: _____. *Escritos de educação*. Petrópolis: Vozes (antologia organizada por Maria Alice Nogueira e Afranio Catani), 1998. p. 185-216.

BOYER, R. *La théorie de la régulation*: une analyse critique. Paris: La Découverte, 1987.

BOWLES, S.; GINTIS, H. *La instrucción escolar en la América capitalista*. Madrid: Siglo Veintiuno de España Editores, 1985.

CNE. Avaliação das escolas: fundamentar modelos e operacionalizar processos. CNE: Lisboa (texto policopiado), 2005.

CORTESÃO, L. et al. (Coords.). Excelência académica e escola para todos (EXACET), relatório de investigação apresentado à Fundação Calouste Gulbenkian (documento policopiado), 2006.

DALE, R. The State and the governance of education: an analysis of the restructuring of the State-education relationship. In: HALSEY, A. H.; LAUDER, H.; BROWN, P.; WELLS, A. S. (Orgs.). *Education*: culture, economy and society. Nova York: Oxford University Press, 1997. p. 273-282.

_____. A globalização e a reavaliação da governação educacional. Um caso de ectopia sociológica. In: TEODORO, A.; TORRES, C. A. (Orgs.). *Educação crítica e utopia*: perspectivas para o século XXI. Porto: Afrontamento, 2005. p. 53-69.

DEROUET, J.-L. *École et justice*. De l'égalité des chances aux compromis locaux? Paris: Éditions Metailié, 1992.

_____; DUTERCQ, Y. *L'établissement scolaire, autonomie locale et service public*. Paris: ESF Éditeur/INRP, 1997.

DURU-BELLAT, M.; VAN ZANTEN, A. *Sociologie de l'école*. Paris: Armand Colin, 1999.

GINTIS, H.; BOWLES, S. Contradiction and reproduction in educational theory. In: COLE, M. (Ed.). *Bowles and Gintis revisited*: correspondence and contradiction in educational theory. Londres: Falmer Press, 1988.

GOMES, C. A interação seletiva na escola de massas. *Sociologia, Problemas e Práticas*, n. 3, 1987.

JACKSON, P. W. *La vida en las aulas*. Madrid: Morata/Fundación Paideia, 1991.

NETO-MENDES, A.; COSTA, J. A.; VENTURA, A. Seis faces ocultas dos *rankings* das escolas: uma abordagem exploratória. Actas do II Congresso Nacional do Fórum Português de Administração Educacional. Lisboa, 15-17 de maio 2003a.

_____. *Ranking* de escolas em Portugal: um estudo exploratório. *REICE* — Revista Iberoamericana sobre Calidad, Eficácia y Cambio en Educación, 2003b. Disponível em: <http://www.ice.deusto.es/rinace/reice/vol1n1/NCV.pdf>.

NÓVOA, A. *Evidentemente*. Histórias da Educação. Porto: Edições Asa, 2005.

PERRENOUD, P. *La fabrication de l'excellence scolaire dans l'enseignement primaire*: du curriculum aux pratiques d'évaluation. Genebra: Librairie Droz, 1984.

_____. *Ofício do aluno e sentido do trabalho escolar*. Porto: Porto Editora, 1995.

_____. *Pedagogia diferenciada*: das intenções à ação. Porto Alegre: Artmed, 2000.

ROSENTHAL, R.; JACOBSON, L. F. Pigmalion en clase. In: GRÃS, A. (Org.). *Sociología de la educación. Textos fundamentales*. Madrid: Narcea. S.A. de Ediciones, 1976. p. 212-220.

SÁ, V.; ANTUNES, F. Rankings, *competição e escolhas na administração da educação*: um olhar desde as escolas. Comunicação ao IV Congresso Luso-Brasileiro de Política e Administração da Educação/III Congresso Nacional do Fórum Português de Administração Educacional. Lisboa, 12-14 de abril de 2007.

SANTIAGO, R.; CORREIA, M. F.; TAVARES, O.; PIMENTA, C. *Um olhar sobre os* rankings. Coimbra: Cipes/Fundação das Universidades Portuguesas, 2004.

SARMENTO, M. *Lógicas de ação nas escolas*. Lisboa: Instituto de Inovação Educacional, 2000.

TANGUY, L. Do sistema educativo ao emprego. Formação: um bem universal? *Educação & Sociedade*, n. 67, p. 48-69, 1999.

TEODORO, A. *Professores, para quê? Mudanças e desafios na profissão docente*. Porto: Profedições, 2006.

YOUNG, M. F. D. Uma abordagem ao estudo dos programas enquanto fenómenos do conhecimento socialmente organizado. In: GRÁCIO, S.; STOER, S. R. (Orgs.). *Sociologia da Educação II*: a construção social das práticas educativas. Lisboa: Livros Horizonte, 1982. p. 150-187.

6

Um olhar sociológico em torno da *accountability* em educação

Almerindo Janela Afonso

Por razões muito distintas, a problemática da *accountabilty*, que não é nova e está presente de forma intermitente em diferentes contextos e conjunturas, tem vindo a ganhar centralidade social e política. Esta é, possivelmente, uma das razões para a sua renovada importância como objeto de reflexão teórica e conceptual, continuando a este propósito a surgir diversos e cumulativos contributos de distintas áreas, nomeadamente das ciências sociais. Todavia, a intenção deste texto é mais modesta uma vez que pretendemos, sobretudo, discutir alguns conceitos e sublinhar a presença e a importância das questões da *accountability* no campo educacional, onde, comparativamente com outros campos, estas questões têm sido menos aprofundadas em termos analíticos.

Por outro lado, as políticas de *accountability* em educação, que contam já com um percurso relativamente longo em alguns países, têm sido, no entanto, marcadas, em muitos outros contextos, por oscilações mais ou menos acentuadas, a que não são indiferentes os regimes políticos, a natureza dos governos e os dinamismos emergentes das sociedades civis nacionais e transnacionais. Nestes processos não é de estranhar que surjam fragilidades em termos da construção e consolidação de uma cultura social e política democrática de *accountability*, sobretudo quando é ainda relativamente recente a transição para regimes onde a sociedade passou a exigir uma ampla concretização de direitos cívicos, políticos, sociais, econômicos e culturais.

Como resultado desta nova vaga democrática, baseada em valores e movimentos sociais de cidadania ativa e crítica, as demandas por maior participação e transparência vão ganhando maior consistência e maturidade, sobretudo no que diz respeito às instituições públicas estatais e, dada a sua crescente importância social, às organizações públicas não estatais do chamado terceiro setor.

Porém, os discursos que reclamam a introdução de mecanismos de *accountability* não são necessariamente democráticos, ou não são sempre motivados por razões explicitamente democráticas. Há também demandas que são influenciadas por razões mais instrumentais e de controle, ou que visam atender a lógicas que alimentam ou exacerbam desigualdades competitivas, ainda que, como acontece frequentemente em educação, pretendam justificar-se como sendo uma consequência compensatória inevitável da perda de poder, nomeadamente do Estado, em decorrência de processos de autonomia e/ou de descentralização. Estas perspectivas e lógicas contraditórias, com ênfases e consequências diversificadas, atravessam igualmente e de forma crescente as políticas públicas educacionais.

Tomando isto em consideração, procuramos neste capítulo pontuar aspectos da problemática da *accountability*, os quais julgamos necessários para manter o debate sobre algumas das suas dimensões mais pertinentes para o campo educacional — e na sequência disto, dando a conhecer algumas experiências e o conteúdo de alguns normativos legais em fase de implementação em Portugal.

Para uma definição de *accountability*

Embora seja traduzido frequentemente como sinônimo de *prestação de contas*, o vocábulo *accountability* apresenta alguma instabilidade semântica porque corresponde na realidade a um conceito com significados e amplitudes plurais. Discutido a partir de uma variedade de abordagens e perspectivas, umas mais simples outras mais complexas, ele remete para políticas, sistemas, modelos, dimensões, agências, práticas e atores também diversificados, dando por vezes a sensação que continua, ainda assim, a ser "um conceito em expansão" (Mulgan, 2000), e que, nessa teia de usos e interpretações nem sempre convergentes, talvez possamos mesmo perder-nos naquilo que já foi designado de "complexidade bizantina" do conceito de *accountability* (Lindberg, 2009). Para evitar algumas armadilhas relativas a um conceito que necessita de mais reflexão, e que, sem dúvida, pode constituir objeto de um interessante exercício teórico-conceptual, vamos procurar contornar essa complexidade e tornar mais acessível a discussão do significado de *accountability*, optando, para o efeito, por seguir de perto um dos trabalhos mais referenciados de Andreas Schedler (1999), ainda que não deixando de introduzir, quando oportuna, uma ou outra interpretação mais pessoal.

Para Schedler, *accountability* tem três dimensões estruturantes: uma de *informação*, outra de *justificação* e uma outra de *imposição* ou sanção. Num entendimento mais imediato, a prestação de contas pode ser o pilar que sustenta ou condensa as duas primeiras: o direito de pedir informações e de exigir justificações, sendo esperado, em qualquer caso, que haja da outra parte a obrigação ou o dever (regulamentados legalmente ou não) de atender ao que é solicitado. Informar e justificar constituem duas dimensões da prestação de contas, a qual pode, assim, ser definida, em sentido restrito, como obrigação ou dever de responder a indagações ou solicitações (*answerability*).[1] Estas indagações e subsequentes respostas devem orientar-se pela transparência, atender ao direito à informação e ter em consideração outros princípios legais e éticos congruentes com as especificidades das situações, de modo que não possam ou não devam

---

1. A expressão *answerability* poder-se-á traduzir em português por *respondabilidade*, havendo, no entanto, "quem refira o conceito de "responsividade que consiste na explicação motivada dos fatos perquiridos. [...] Ser responsivo significa responder às questões formuladas, prestar esclarecimentos" (cf. Mota, 2006, p. 57).

ser accionados senão procedimentos tão objecivos quanto possível para recolher "fatos autênticos", informações fidedignas e "razões válidas". A prestação de contas tem, portanto, segundo Schedler, uma dimensão informativa e uma dimensão argumentativa, podendo, num certo sentido, ser concebida como uma atividade comunicativa ou discursiva porque pressupõe uma relação de diálogo crítico e a possibilidade de desenvolver um debate público aprofundado.

No entanto, como acrescenta o mesmo autor, a prestação de contas, enquanto obrigação ou dever de dar respostas (*answerability*), não é apenas uma atividade discursiva, mais ou menos benévola, que se esgota na informação e na justificação; ela contém também uma dimensão impositiva, coativa ou sancionatória (*enforcement*) — integrável, neste último caso e segundo o nosso ponto de vista, no que poderia designar-se de pilar da responsabilização.

Face à grande variedade de situações existentes, aquelas três dimensões (informação, justificação e sanção) podem não estar sempre presentes, mas, "mesmo na ausência de uma ou duas, ainda assim podemos legitimamente falar de atos de *accountability*". Parece-nos, no entanto, que embora estes "atos de *accountability*" possam existir isoladamente só conseguirão ganhar densidade se forem integrados e articulados num modelo mais amplo que se aproxime de algo parecido com aquilo que o próprio Schedler designa como sendo uma "categoria prototípica" de *accountability* (Schedler, 1999, p. 17-18).

Do nosso ponto de vista, um modelo de *accountability* (ou categoria prototípica) estará mesmo assim incompleto se a sua capacidade heurística não for ampliada, acrescentando-lhe o pilar da avaliação. Neste sentido, como no Quadro 1 pretendemos ilustrar, propomos que se articulem os pilares da avaliação, da prestação de contas e da responsabilização, criando assim um modelo de *accountability* mais complexo, consistente e com novas interações e interfaces.[2]

---

2. Inspirado na leitura de Schedler (1999), o Quadro 1 não pretende seguir exclusivamente este autor, tendo sido inseridos acrescentos e enxertos pessoais (ainda exploratórios).

Quadro 1

Dimensões de um modelo de *accountability*

Accountability	Avaliação *ex-ante*	
	Prestação de contas (*answerability*)	• Fornecer informações • Produzir argumentações • Dar justificações • Elaborar e publicitar relatórios
	Avaliação *ex-post*	
	Responsabilização (*enforcement*)	• Imputação de responsabilidades e/ou imposição de sanções negativas • Atribuição de prêmios ou recompensas materiais e simbólicas • Assunção autônoma de responsabilidades • Persuasão ou advocacia moral • Avocação de normas de códigos deontológicos • Outras formas legítimas de responsabilização

Tal como exemplifica o esquema, a prestação de contas (enquanto *answerability* ou *respondabilidade*) consubstancia-se na "dimensão informativa" e na "dimensão argumentativa". Por outro lado, o pilar da *responsabilização* (*enforcement*) sintetiza outras dimensões: não apenas as que se referem a consequências relativas à imposição de sanções negativas, mas também a algumas outras que, do nosso ponto de vista, podem ser acrescentadas, como, por exemplo, a assunção autônoma de responsabilidades pelos atos praticados, a persuasão ou advocacia moral, o reconhecimento informal do mérito, a avocação de normas de códigos deontológicos, a atribuição de prêmios ou recompensas materiais e simbólicas, ou, ainda, outras formas legítimas de (indução de) responsabilização. Como escreve Schedler, o exercício da *accountability* é essencialmente uma "atividade discursiva, uma espécie de indagação benigna e de diálogo amigável" entre as partes envolvidas. No entanto, as dimensões de informação e justificação não são tudo. Para além delas, a *accountability* "também contém elementos de responsabilização (*enforcement*), premiando o bom e punindo o mau comportamento" (Schedler, 1999, p. 15).

Por último, o que designamos de pilar da avaliação diz respeito ao processo de recolha, tratamento e análise de informações, teórica e metodologicamente orientado e fundamentado no sentido de produzir juízos de valor sobre uma determinada realidade social. Neste caso, sempre que justificada ou considerada necessária, a avaliação pode anteceder a prestação de contas (avaliação *ex-ante*), podendo igualmente ocorrer entre a fase da prestação de contas e a fase da responsabilização (avaliação *ex-post*).

Sem que isso pressuponha necessariamente uma leitura funcionalista ou evolucionista, sugerimos aqui uma tipologia interpretativa que distingue *formas parcelares de accountability, modelos de accountability e sistemas de accountability*. Podemos designar de *formas parcelares de accountability* aquelas ações ou procedimentos que dizem respeito apenas a algumas dimensões da *prestação de contas* ou da *responsabilização* ("atos de accountabilty" na linguagem de Schedler), não constituindo, por isso, um modelo ou uma estrutura integrada. Por outro lado, chamamos *modelo de accountability* a uma estrutura mais complexa, preferencialmente adaptável, aberta e dinâmica, em que diferentes dimensões ou formas parcelares de *accountability* apresentam relações e intersecções congruentes, funcionando e fazendo sentido como um todo. Finalmente, chamamos *sistema de accountability* a um conjunto articulado de modelos e de formas parcelares de *accountability* que, apresentando especificidades e podendo manter diferentes graus de autonomia relativa, constituem, no entanto, uma estrutura congruente com a ação e orientação do Estado no quadro de políticas públicas fundadas em certos valores e princípios.

Accountability: avaliação, prestação de contas e responsabilização

A avaliação pode ser utilizada, entre muitos outros objetivos e funções, como condição para o desenvolvimento de processos de prestação de contas e de responsabilização (*accountability*).[3] Ou seja, a prestação de contas,

---

3. Como salienta Domingos Fernandes (2007, p. 2), "há uma grande variedade de propósitos que podem ser associados a uma avaliação, tais como: a) apoiar a tomada de decisões; b) servir a

como ato de justificação e explicação do que é feito, como é feito e por que é feito, implica que se desenvolva alguma forma ou processo de avaliação ou de autoavaliação. Numa sociedade democrática, para se poder prestar contas deve avaliar-se de forma fundamentada e o mais possível objetiva; e presta-se contas para procurar garantir a transparência e o direito à informação em relação à prossecução de políticas, orientações, processos e práticas. E se por alguma razão não for esperada nem for oportuna a assunção voluntária de eventuais responsabilidades pessoais, políticas ou institucionais,[4] ou se, em decorrência da prestação de contas, houver lugar a prêmios ou sanções, ou outras formas de responsabilização de instituições, organizações ou pessoas, isso deve, ainda assim, ter em conta, consoante a especificidade dos casos, uma avaliação rigorosa e prudente sob o ponto de vista técnico-metodológico (tendo por referência não apenas critérios, objetivos e padrões previamente definidos, mas também processos amplamente participados e formativos), e tendo em conta igualmente o enquadramento cultural, ético e jurídico que preveja procedimentos democráticos e salvaguarde direitos fundamentais.

A avaliação precede (ou deve preceder sempre que possível) a prestação de contas e a responsabilização (Dimmock e Hattie, 1990),[5] sendo que, na sequência da prestação de contas, também deve haver lugar a uma avaliação que considere as informações disponibilizadas e os argumentos produzidos sobre as políticas, ações e desempenhos em causa. Por isso, é necessário atender não apenas à questão da avaliabilidade em sentido amplo, mas também à congruência entre os modelos de avaliação

---

prestação pública de contas; c) melhorar as práticas e procedimentos numa dada organização; d) compreender problemas de natureza social, contribuindo para a identificação de soluções possíveis; e e) compreender as experiências vividas por quem está envolvido numa dada prática social".

4. Para uma interessante discussão sobre a possibilidade atual do exercício da responsabilidade no contexto da pós-modernidade, ver Zygmunt Bauman (1997). Ver também a reflexão de Gert Biesta (2004) a propósito da *accountability*, convocando precisamente o pensamento de Bauman sobre a questão da responsabilidade.

5. Como escrevem Clive Dimmock e John Hattie (1990, p. 168), "It is difficult if not impossible to operate accountability without a prior stage of evaluation. [...] Evaluation is the means by which information and evidence are collected, sorted and appraised, and subsequently may be used in rendering accountability".

e os modelos de *accountability*. Sem haver garantia de avaliabilidade (ou seja, sem a presença de condições que possibilitem desenvolver processos baseados em metodologias credíveis, e que permitam emitir e fundamentar juízos valorativos sobre práticas, instituições, contextos e políticas), ficam prejudicadas as formas de prestação de contas e de responsabilização, ou seja, uma parte fundamental dos processos de *accountability* (cf. Afonso, 2001).

Do mesmo modo, sem congruência de pressupostos, valores, procedimentos e metodologias de avaliação, prestação de contas e responsabilização, torna-se mais difícil haver uma procura de objetividade e transparência relativamente a decisões e práticas políticas, sociais e educacionais, podendo estar em causa a concretização do direito democrático à informação e, em decorrência disso, a possibilidade de afastamento e alheamento dos cidadãos face ao que acontece nas instituições e organizações públicas ou de interesse público. É preciso, em relação a este último aspecto, ponderar resistências e lidar com obstáculos reais que possam decorrer da não compreensão e insuficiente interiorização de direitos, ou que possam ser induzidos por fatores como o mau funcionamento e burocratização da administração da justiça, os níveis de desenvolvimento cultural, cívico e moral dos indivíduos, a natureza e finalidades dos sistemas de educação e formação, a frágil presença das questões éticas nos negócios, nos diferentes tipos de organizações e na sociedade civil em geral, em síntese, a baixa intensidade da democracia substantiva numa determinada conjuntura histórica.

Também por estas razões um modelo de *accountability* pode ser sentido como um "anátema" quando a representação social do mesmo coincide com uma "imagem potencialmente punitiva" (Ranson, 2003, p. 460). Quando isto acontece, esquecem-se as diferentes dimensões de um modelo de *accountability* e sobrepõe-se a desconfiança sobre o real significado das consequências inerentes ao pilar da responsabilização (que, como já foi atrás sinalizado, não têm que ser necessariamente negativas). Mas como um modelo de *accountabilty* implica, com frequência, uma teia complexa de relações, interdependências e reciprocidades, bem como possibilidades diferenciadas de justificação e fundamentação, a dimensão da responsabilização é particularmente delicada, como facilmente se pode constatar, por exemplo, quando pensamos o papel e a ação dos professores e educadores.

Os professores e educadores, talvez hoje mais do que nunca, desenvolvem a sua atividade profissional em meio a pressões e demandas fortemente contraditórias, tendo de prestar contas, simultaneamente, a várias instâncias hierárquicas (do ministério aos diretores de escola), aos pares e supervisores, aos estudantes em muitos casos, bem como aos pais, comunidade educativa e sociedade em geral. Aqui radica, entre outros aspectos, a importância decisiva de uma prática reflexiva de *accountability*. Neste sentido, por exemplo, se esperarmos que os professores prestem contas aos pais sobre o progresso escolar dos seus filhos, esses mesmos professores também terão expectativas legítimas para esperar que os pais reforcem os cuidados com os processos de aprendizagem. Ou seja, expectativas e responsabilidades são recíprocas, não deixando, apesar disso, de poder estar em confronto perspectivas diferentes (e eventualmente conflituais) sobre o que conta como aprendizagem, e que formas são mais eficazes para que essa mesma aprendizagem aconteça de forma significativa. Neste sentido, a construção de consensos, a comunicação e o diálogo são dimensões fundamentais de "uma prática discursiva de *accountability*". Aliás, como adverte ainda Stewart Ranson (2003, p. 460-461), "o potencial positivo desta forma inteligível e reflexiva de *accountability* tem sido negligenciado em muitas das teorizações contemporâneas".

Desarticulações entre pilares da *accountability* e outros aspectos

Avaliação, prestação de contas e responsabilização nem sempre constituem pilares integrados ou que se potenciam mutuamente, e nem sempre decorrem de orientações e relações guiadas por uma intencionalidade democrática e de *empowerment* dos cidadãos. Com efeito, todas as eventuais articulações e desarticulações na relação entre estes pilares são possíveis e, neste sentido, todas poderão ter sido praticadas de algum modo e, por vezes, com consequências ambivalentes (e até perversas), sobretudo se considerarmos conjunturas políticas específicas e realidades sociais e educacionais não democráticas, ou contextos em que predomine uma democracia ritualística ou de baixa intensidade. De todas as combinações possíveis, a situação mais problemática é, sem dúvida, a que diz respeito à responsabilização sem avaliação e sem prestação de contas (cf. linha 3 do Quadro 2).

Quadro 2

(Des)articulações entre avaliação, prestação de contas e responsabilização

ACCOUNTABILITY			
Avaliação ex-ante	Prestação de contas	Avaliação ex-post	Responsabilização
X			
	X		
			X
		X	
X	X		
X	X	X	
X		X	
X			X
X	X		X
	X	X	
	X		X
	X	X	X
X	X	X	X

É, todavia, frequente (e justificável) o exercício autônomo da avaliação sem que ele esteja enquadrado num modelo de *accountability* institucionalizado ou formal, mas já parece ser mais difícil defender o contrário, isto é, um modelo de *accountability* que prescinda da avaliação. Considerando o fato de que há diferentes modelos de *accountability* e que nem todos os modelos conhecidos se inscrevem em lógicas progressistas, parece-nos que, numa concepção mais complexa e potencialmente democrática, não terá muita razão de ser que a prestação de contas não seja antecedida (e sucedida) por processos claros e rigorosos de autoavaliação ou de avaliação (interna e/ou externa), incluindo ainda, em fase posterior, processos congruentes de responsabilização (não necessariamente com consequências negativas). Neste sentido, um modelo de *accountability* democraticamente avançado inclui a avaliação, a prestação de contas e a responsabilização (cf. última linha do Quadro 2), mas dentro de articulações congruentes que se referenciem ou sustentem em valores essenciais, como a transparência, o direito à informação, a participação e a cidadania. Lembramos, a este propósito, o fato de muitos destes valores estarem hoje a ser repensados no âmbito de novas reflexões críticas e criadoras sobre outras concepções possíveis e desejáveis de democracia e justiça (para estes temas, ver os trabalhos de John Rawls, Chantal Mouffe, Nancy Fraser, entre outros).

Defendemos aqui, portanto, uma linha de reflexão e pesquisa que assente numa concepção de *accountability* mais ampla, fundamentada e complexa do ponto de vista teórico-metodológico, político e axiológico. Neste sentido, um sistema de *accountability* assim alicerçado não pode ser reduzido a uma prestação de contas ritualística ou simbólica, nem deve ser associado a perspectivas instrumentais, hierárquico-burocráticas, gestionárias ou de mero controle, para as quais parecem remeter, muitas vezes, alguns discursos político-ideológicos e práticas vulgares.

Aliás, a referência sistemática à *accountability* está na moda, valendo a pena perceber melhor as razões (convergentes e divergentes) pelas quais alguns dos seus mecanismos e modelos têm sido referenciados tanto por orientações neoliberais e neoconservadoras, quanto por orientações de matizes ideológicas distintas (da social-democracia, do trabalhismo, da *terceira via*, entre outras). A este propósito, Gert Biesta refere que "a ideia de *accountability* pode ser relativamente imune à ideologia política", como mostram, aliás, no caso da Inglaterra, tanto os governos do New Labour como os governos do partido Conservador que lhe deram grande ênfase (Biesta, 2004, p. 234). Como nós próprios temos questionado, esta relativa indiferença às diferenças político-ideológicas tem estado igualmente presente no que diz respeito às políticas de avaliação da última década (cf. Afonso, 2001, 2007, 2008), muito embora estas políticas tenham tido conotações mais específicas quando as coligações neoliberais e neoconservadoras emergiram e fizeram da avaliação um dos instrumentos principais da *nova direita* (cf. Afonso, 1999, 2009a).

Seja como for, sobrepuseram-se diversos acontecimentos a partir dos quais se chegou a esta aparente consensualidade (ou transversalidade) dos discursos da avaliação e da *accountability*. Entre outros, podemos referir sucintamente os seguintes: i) quando a crise da escola começou a ser atribuída a certos métodos pedagógicos e ao suposto mau uso da autonomia profissional dos professores, e foi agravada pelas repercussões sociais dos estudos internacionais comparativos e dos *rankings* relativos aos resultados escolares, a pressão para reforçar medidas de avaliação e de *accountability* não tardou a fazer-se sentir; ii) quando a emergência neoliberal e neoconservadora se traduziu na criação de mercados e quase mercados em educação e na valorização da liberdade de escolha educacional das famílias, cresceram as demandas pela publicitação de resultados educacionais mensuráveis e, portanto, também por processos de avaliação e de *accountability*; iii) quando o Estado se tornou mais forte, não apenas para (paradoxalmente) impor a sua própria redução no campo econômico, mas também para reassumir mais explicitamente certas funções, nomeadamente através da definição mais apertada de objetivos e padrões educacionais, os mecanismos de avaliação e *accountability* foram acionados como instrumento de controle centralizado dos sistemas educativos; iv) quando a retração (real ou ideologicamente construída) dos Estados-providência levou à racionalização de custos e investimentos públicos e permitiu a indução de lógicas de corresponsabilização da sociedade civil, independentemente da natureza dos governos a avaliação e a *accountability* foram introduzidas como contrapartidas naturais dos processos de autonomia e de descentralização; e v) quando a exigência de transparência é acompanhada pelo direito democrático dos cidadãos à informação e ao exercício legítimo de controle social sobre o que ocorre nas instituições públicas é esperada também a valorização de processos de avaliação e *accountability*.

Algumas tipologias de modelos de *accountability*

Uma outra questão tem a ver com a existência de tipologias diversas que procuram salientar uma pluralidade de modelos, nuns casos praticados, noutros apenas idealizados, de *accountability* em educação. Num trabalho que já tem mais de duas décadas, Maurice Kogan refere a este propósito o "controle público ou estatal" (*public or state control*), o "controle profissional" (*professional control*) e o controle feito pelos consumidores" (*consumerist control*). O primeiro baseia-se em relações de poder formais e hierárquicas; o segundo é exercido pelos próprios profissionais, e o último é um modelo baseado em parcerias com o setor público, ou que pressupõe mecanismos de mercado (Kogan, 1986). Darling-Hammond (1989), por sua vez, menciona cinco modelos que podem salvaguardar o interesse público: *accountability* política (*political accountability*) que se efetiva sobretudo nos períodos de realização de eleições nos quais os cidadãos ponderam o trabalho dos seus representantes eleitos; *accountability* legal (*legal accountability*), que decorre do funcionamento dos tribunais quando julgam a violação das normas legais; *accountability* burocrática (*bureaucratic accountability*) que se refere ao cumprimento das regras que devem assegurar aos cidadãos o bom funcionamento dos organismos públicos; *accountability* profissional (*professional accountability*), que implica o funcionamento de órgãos e estruturas onde o governo possa delegar certas decisões de modo a assegurar o adequado exercício profissional em atividades que servem o público; *accountability* através do funcionamento do mercado (*market accountability*) que é um modelo que pressupõe que os governos devem criar condições que permitam aos cidadãos optar pelos serviços que melhor atendam às suas necessidades, nomeadamente prevenindo monopólios e protegendo a liberdade de escolha. Por sua vez, Deborah Willis (1992) descreve também três modelos muito semelhantes: o modelo administrativo-burocrático (*management accountability*), o modelo baseado na lógica do mercado (*market accountability*) e o modelo profissional (*professional accountability*).

Se desenvolvermos um pouco a perspectiva de Willis, podemos ver que modelo de *accountability* profissional pressupõe a existência de professores bem preparados sob o ponto de vista científico, metodológico e pedagógico, predispostos a tomar decisões face à complexidade dos processos de ensino e aprendizagem, e capazes de justificar de forma consistente as suas práticas e decisões educativas. Neste modelo, a educação é percepcionada como um bem público e espera-se que os professores, enquanto profissionais, desenvolvam os processos pedagógicos que conduzam a uma melhoria da qualidade do ensino e da aprendizagem. Neste sentido, as formas de avaliação deverão atender a aspectos de maior complexidade cognitiva, social e cultural, sendo, por isso, mais congruentes e mais valorizadas as modalidades formativas ou interpretativas, bastante diferentes dos testes estandardizados externos. Por sua vez, o modelo administrativo-burocrático e o modelo assente na lógica de mercado, embora contendo pressupostos relativamente distintos, partilham uma visão positivista da educação escolar e a mesma "incapacidade de reconhecer a complexidade do ensino e da aprendizagem" que tem "contribuído para uma avaliação simplista e exclusivamente preocupada com resultados mensuráveis" (Willis, 1992, p. 208). Nestes dois últimos modelos há uma tendência para valorizar formas de avaliação predominantemente quantitativas, como as que são utilizadas em testes estandardizados.

Por esta razão, "a característica distintiva dos apelos atuais para uma maior *accountability* refere-se à *accountability* formal, envolvendo a quantificação dos resultados dos estudantes" (Hoffer, 2000, p. 531). Como sabemos, na literatura que analisa a relação da escola com o contexto social onde esta se insere, já há muito é mencionada a questão da responsabilidade dos diretores, gestores e professores perante os atores e interesses locais e comunitários. Mas esta forma tradicional de *accountability* é informal porque os resultados não são mensurados, os desempenhos não são aferidos em relação a padrões estabelecidos e as respostas organizacionais relativas às práticas educacionais não são respostas sistemáticas ou rotinizadas. Pelo contrário, um sistema formal de *accountability*, tal como é redutoramente percebido e praticado em certas situações, consiste em mensurar e codificar padrões de resultados e prever determinadas consequências quando se atingem ou não esses resultados. Por isso, a informação é crescentemente quantitativa e os métodos de mensuração são estandardizados (cf. Hoffer, 2000).

Aliás, esta maior formalização tem relações evidentes com a emergência do chamado *Estado-avaliador* e com a disseminação de uma nova gestão pública (*new public management*), onde a definição prévia de objetivos e a sua mensuração e quantificação são aspectos centrais (cf. Afonso, 1999). Não é, portanto, por acaso que algumas formas de *accountability* em educação têm sido estruturadas tendo como fundamento, exclusivo ou predominante, os resultados no âmbito de avaliações externas de alunos e de escolas, bem como os resultados, muitas vezes também predominantemente quantitativos, da avaliação de desempenho dos docentes. No entanto, numa perspectiva crítica, devemos sublinhar a ideia de que nenhum modelo de prestação de contas e responsabilização (*accountability*), bem fundamentado e consistente, pode esgotar-se na mera divulgação ou publicitação de resultados baseados em testes, mesmo que estandardizados, ou em quaisquer outras formas de avaliação quantitativista, gestionária ou hierárquico-burocrática (cf. Darling-Hammond, 2004; Afonso, 2009b). Esta situação parece-nos ainda mais delicada e questionável quando os resultados acadêmicos dos alunos acabam por ser um critério fundamental para a avaliação das escolas e para a avaliação dos próprios professores.

Emergência da problemática da *accountability* em Portugal

Relativamente à problemática em análise, e tendo em consideração a realidade educacional portuguesa, a primeira observação a considerar é a da existência de modelos ainda inacabados ou em construção que procuram integrar e articular, de forma mais ou menos explícita e com graus de consistência diversos, as três dimensões da *accountability*: avaliação, prestação de contas e responsabilização. É por isso mais evidente a presença do que atrás designamos de *formas parcelares de accountability*, ou seja, daquelas ações ou procedimentos que dizem respeito apenas a algumas dimensões de um modelo.

Considerando apenas o ensino não superior público, são sobretudo os resultados dos testes estandardizados, sob a forma de exames de âmbito nacional e outras provas de âmbito internacional (entre as quais o PISA), bem como o modelo de avaliação externa das escolas, que têm sido utilizados para dar conta ao governo, aos pais e à sociedade em geral de algumas dimensões específicas do funcionamento do sistema educativo (inscrevendo-se, portanto, na problemática da *accountability*). Por outro lado, desde a sua introdução, relativamente recente, na sequência da revisão do estatuto da carreira docente dos professores portugueses do ensino não superior, está também em curso, mas não completamente estabilizado, o processo de implementação de um modelo de avaliação do desempenho docente. Em continuidade com estas reformas fragmentárias, foi igualmente aprovado, e está em vigor, um novo regime de autonomia e gestão das escolas públicas que introduz a figura do diretor como órgão de gestão unipessoal — uma alteração que constitui uma importante ruptura com a tradição de colegialidade que fora iniciada na fase posterior à revolução democrática, há mais de três décadas.

Se começarmos por este último normativo da gestão das escolas, verificamos que ele contempla várias referências à prestação de contas e a outros princípios congruentes (Decreto-lei n. 75/2008). Explicita-se nomeadamente que o regime da autonomia e gestão das escolas funciona "sob o princípio da responsabilidade e da prestação de contas do Estado assim como de todos os demais agentes ou intervenientes". Também se enfatiza que a participação e intervenção na "direção estratégica" dos estabelecimentos ou agrupamentos escolares, por parte das famílias, professores e outros agentes da comunidade, "constitui um primeiro nível, mais direto e imediato, de prestação de contas da escola relativamente àqueles que serve". Aliás, o órgão de "direção estratégica", designado "conselho geral", é um espaço particularmente propício à prestação de contas, possibilitando o envolvimento da comunidade educativa nos processos de informação e justificação (*answerability*). Reitera-se igualmente que o exercício da autonomia "supõe a prestação de contas, designadamente através de procedimentos de autoavaliação e de avaliação externa". Salientam-se, ainda, eventuais consequências decorrentes de ação inspectiva e de avaliação externa que podem, por exemplo, fundamentar a dissolução dos órgãos de direção e gestão ou interferir no desenvolvimento de *contratos de autonomia* entre as escolas e o Ministério da Educação. Estes princípios e orientações remetem para formas de avaliação, prestação de contas e responsabilização, indicando claramente que este regime de autonomia e gestão das escolas públicas contém dimensões que estão já muito próximas de constituir um modelo de *accountability*.

Uma outra medida política que se inscreve nesta (relativamente recente) emergência da *accountability* em educação em Portugal diz respeito ao programa de avaliação externa das escolas. Trata-se de um programa da responsabilidade da inspeção-geral da educação, mas que conta com a colaboração de especialistas externos convidados que integram as respectivas equipes de avaliação. Este programa de avaliação externa prevê uma fase inicial de recolha e sistematização de informação, por parte das escolas, que se traduz, entre outros aspectos, na produção de um relatório de autoavaliação. Segue-se uma segunda fase em que os vários documentos e relatórios produzidos são disponibilizados e analisados pela equipe externa de avaliação, com o objetivo de preparar adequadamente a visita a estas mesmas escolas. Numa terceira fase, durante a visita da equipa de avaliação externa (constituída por dois elementos da inspeção-geral da educação e um perito em avaliação), realizam-se diferentes entrevistas em painel onde são ouvidos membros e representantes de todos os actores da comunidade educativa (membros de órgão de gestão, professores, funcionários, estudantes, pais, representantes da autarquia e de outras instituições ou associações locais...). Estas entrevistas procuram esclarecer e aprofundar aspectos constantes em documentos e relatórios elaborados inicialmente pelas escolas e/ou decorrentes de dados estatísticos fornecidos pelo próprio Ministério da Educação, constituindo-se, assim, como oportunidades de diálogo, justificação e argumentação. Nesta mesma ocasião são recolhidas, de acordo com um guião previamente definido, outras informações pertinentes relativas a resultados, prestação dos serviço educativo, organização e gestão escolar, liderança e capacidade de autorregulação e de melhoria, bem como dados mais específicos sobre sucesso acadêmico, participação e desenvolvimento cívico, comportamento e disciplina, valorização e impacto das aprendizagens, articulação e sequencialidade, acompanhamento da prática letiva em sala de aula, diferenciação de apoios, abrangência do currículo e valorização dos saberes e aprendizagens, concepção, planeamento e desenvolvimento da atividade, gestão dos recursos humanos, gestão dos recursos materiais e financeiros, participação dos pais e outros elementos da comunidade educativa, equidade e justiça, visão e estratégia, motivação e empenho, abertura à inovação, parcerias, protocolos e projetos, autoavaliação e sustentabilidade do progresso. Na fase seguinte, a equipe de avaliação externa pondera as informações e dados recolhidos, atribui uma classificação a cada um dos domínios avaliados, sinaliza o que considera serem os pontos fortes e fracos da organização escolar visitada, e elabora um relatório que é enviado, algum tempo depois, às respectivas escolas. Recebido este relatório, as escolas que julgarem necessário farão o *contraditório*, ou seja, apresentarão as razões pelas quais não concordam com as classificações atribuídas, podendo, em decorrência disso, ser eventualmente introduzidas correções relativas a dados factuais. Quer o relatório da equipe de avaliação externa, quer o *contraditório* são posteriormente publicados no site da inspeção-geral da educação (http://www.ige.min-edu.pt). Proximamente, visando atender a solicitações dos diretores de escolas, vai ser "instituída uma instância de recurso" para reanalisar as classificações atribuídas no relatório final de avaliação externa.

Do nosso ponto de vista, estes procedimentos de avaliação externa das escolas públicas portuguesas revelam a presença de dimensões importantes de um modelo de *accountability*. Por outro lado, é evidente a centralidade do pilar da prestação de contas (onde a produção de informações, argumentações e justificações tem um papel estruturante), estando também presente o pilar da avaliação, em dois momentos distintos: durante o processo de autoavaliação (ou avaliação *ex-ante*) e durante o processo de avaliação externa (ou avaliação *ex-post*). Por outro lado, nota-se uma insuficiente clarificação do pilar de responsabilização, mesmo sabendo que estão previstas, em outros normativos legais, algumas consequências que dependem dos resultados desta avaliação externa. Assim sendo, no que diz respeito a este programa de avaliação externa das escolas, poderemos provisoriamente concluir que ele também não constitui um modelo completo de *accountability*, muito embora contenha, na sua configuração específica, diversas *formas parcelares de accountability* que poderão, eventualmente, articular-se melhor e evoluir para um *modelo* ou estrutura mais complexa e consistente.

No que diz respeito à avaliação do desempenho docente, ainda não é possível (ou desejável) retirar ilações sobre a sua configuração, mesmo porque tem havido oscilações e tensões em torno da sua negociação e regulamentação legal, não estando, por agora, completamente estabelecidas as condições necessárias à sua estabilização e implementação duradouras, apesar da existência de algumas experiências nas escolas que se amparam na legislação produzida, e que remetem, direta ou indiretamente, para as alterações ao estatuto da carreira docente.[6] De qualquer forma, os elementos atualmente disponíveis parecem indicar que o modelo de avaliação dos professores constituir-se-á não apenas como um processo de desenvolvimento profissional, mas terá também conexões, ainda que indiretas, com formas *parcelares de accountability*, eventualmente integráveis num *modelo de accountability*. Estas conexões, aliás, estão de algum modo previstas no próprio estatuto da carreira docente quando se refere que a avaliação terá "efetivas consequências" para o desenvolvimento da carreira, permitindo, nomeadamente, "identificar, promover e premiar o mérito". Estipula-se, aliás, um "prémio pecuniário de desempenho" ao qual terão direito os docentes que obtenham menção qualita-

---

6. Em Portugal, os educadores de infância e os professores dos ensinos Básico e Secundário (Fundamental e Médio) têm, desde inícios dos anos 1990, um Estatuto da Carreira Docente, o qual foi recentemente actualizado pelo Decreto-lei n. 15/2007, de 19 de janeiro.

tiva igual ou superior a *muito bom*, em duas avaliações consecutivas.[7] Também no estatuto da carreira docente se acentua, entre outros aspectos, que a avaliação de desempenho "visa a melhoria dos resultados escolares dos alunos", não deixando, por isso, de haver uma relação entre esses dois fatores (desempenho dos professores e resultados dos alunos). Esta última questão, que não é nova noutros países, foi contemplada nos normativos regulamentares iniciais do estatuto da carreira docente, embora, numa fase posterior, tenha sido (provisoriamente) deixada de lado. Todavia, uma avaliação do desempenho docente com relações, mesmo que indiretas, com os resultados de exames nacionais externos também já está de certo modo implícita quando, por exemplo, na atual avaliação externa das escolas é tida em conta a comparação entre os resultados da avaliação interna dos alunos e os resultados dos exames externos e, por outro lado, quando a percentagem de menções de *excelente* e *muito bom* na avaliação dos professores está condicionada pelos resultados dessa mesma avaliação externa das escolas. Estes aspectos de *accountability* aparecem igualmente reforçados no próprio normativo legal que define a composição e o modo de funcionamento do *conselho científico para a avaliação de professores* quando se afirma que este "vem contribuir para o fortalecimento, nas escolas, de uma cultura de avaliação, responsabilização e prestação de contas, em contextos de autonomia" (Decreto Regulamentar n. 4/2008).

Finalmente, os exames e testes estandardizados (nacionais ou internacionais), apesar de serem frequentemente valorizados como estando (ou podendo estar) na base de um modelo ou sistema de *accountability*, não têm constituído de fato mais do que uma dimensão da prestação de contas, ou seja, um ato ou uma *forma parcelar de accountability*. Do mesmo modo, podemos considerar os *rankings* das escolas, que resultam dos exames nacionais, como sendo também uma *forma parcelar de accountability* (neste caso, por iniciativa da sociedade civil e do mercado), impulsionada, de forma decisiva no caso português, por alguns importantes órgãos

---

7. Para além destes prêmios, o XVII Governo Constitucional, através do Ministério da Educação, criou ainda um "Prêmio Nacional de Professores", a ser atribuído anualmente, bem como vários prêmios de mérito, em diferentes áreas (carreira, integração, inovação e liderança).

(privados) de comunicação social e por setores politicamente conservadores (cf. Afonso, 2009b; Melo, 2007, 2009; Martins, 2009).

Notas finais

Considerando os exemplos anteriores, podemos salientar que, em Portugal, há evidências suficientes de que estamos numa fase ainda inicial de construção de modelos e sistemas de *accountability* em educação, dado predominarem, em quase todos os casos, as dimensões discursivas e algumas experiências práticas referentes ao pilar da prestação de contas, isto é, relacionadas com as dimensões da justificação, da argumentação e da informação.

Em termos mais gerais, parece-nos ser igualmente pertinente que se pense sobre a questão da possibilidade de os *modelos* e *formas parcelares de accountability* existentes virem a ser integrados em políticas e sistemas mais amplos, com valores e princípios claros e estruturantes. Neste sentido, é ainda insuficiente o debate sobre a construção de modelos de *accountability* que, para além das questões epistemológicas e metodológicas, incorporem preocupações efetivas com as dimensões éticas, de justiça e de democracia.

Por outro lado, caberá estudar, de forma mais demorada e sistematizada, os processos em curso no âmbito internacional e supranacional, nomeadamente no caso da União Europeia, que já constituem (ou que são integráveis em) sistemas de avaliação e de *accountability*, e que têm consequências e impactos importantes no próprio patamar da governação. Referimo-nos particularmente à avaliação de políticas e programas e às suas consequências em termos de prestação de contas e responsabilização. E vale a pena olhar também para outros contextos, nomeadamente para os países da América Latina, para perceber como alguns modelos, experiências e debates em curso sobre *accountability*, embora continuem a tomar como referência o que ocorre em países centrais, estão já, em muitos casos, a afastar-se de perspetivas eurocêntricas, a ganhar outra capacidade reflexiva e a conseguir maior visibilidade social e política. É, aliás, na América Latina (e mesmo em alguns países asiáticos) que estão a surgir algumas das alternativas mais democráticas, participativas e críticas no campo da *accountability* (ver, por exemplo, Clark, Fox e Treakle, 2005).

Há, por isso, um amplo espaço aberto para exercitar o olhar sociológico e resgatar os sentidos mais expressivos e avançados de uma problemática que, em muitas situações e conjunturas, corre o risco de confinar-se a estreitas visões e empobrecidas versões da ação social, educacional e política. Por esse fato, tão ou mais importante do que as questões metodológicas aqui implícitas, torna-se necessário assumir, desde logo, que a construção de modelos democráticos e transparentes de avaliação, prestação de contas e responsabilização implica igualmente a valorização social, cultural e política dos processos de participação, negociação e justificação, e a adoção de modelos explícitos de justiça e equidade (social, educacional e avaliativa). *Accountability* não é, portanto, uma mera questão simbólica ou retórica que alguns discursos tendem a naturalizar porque, implícita ou explicitamente, a associam a uma concepção restrita e ritualística de democracia formal, enquanto regime baseado apenas na consagração legal ou jurídica de direitos e deveres. *Accountability* é, antes de tudo, uma problemática ampla de cultura política e de ação moral e ética que tem a ver com a qualidade e profundidade das práticas democráticas, ou seja, com uma democracia substantiva, participativa e crítica.

Referências bibliográficas

AFONSO, A. J. Estado, mercado, comunidade e avaliação: esboço para uma rearticulação crítica. *Educação & Sociedade*, n. 69, p. 139-164, 1999.

_____. As escolas em avaliação: avaliabilidade e responsabilização. *Administração Educacional* — Revista do Fórum Português de Administração Educacional, n. 1, p. 22-25, 2001.

_____. Estado, políticas educacionais e obsessão avaliativa. *Contrapontos*, v. 7, n. 1, p. 11-22, 2007.

AFONSO, A. J. Para uma crítica da avaliocracia. *OPS! Revista de Opinião Socia-lista*, n. 2, p. 14-16, 2008.

_____. *Avaliação educacional*: regulação e emancipação. 4. ed. São Paulo: Cortez, 2009a.

_____. Nem tudo o que conta em educação é mensurável ou comparável. Crítica à *accountability* baseada em testes estandardizados e *rankings* escolares. *Revista Lusófona de Educação*, n. 13, p. 13-29, 2009b.

BAUMAN, Z. *Ética pós-moderna*. São Paulo: Paulus, 1997.

BIESTA, G. Education, accountability, and the ethical demand: can the democratic potential of accountability be regained? *Educational Theory*, v. 54, n. 3, p. 233-250, 2004.

CLARK, D.; FOX, J.; TREAKLE, K. (Orgs.). *Derecho a exigir respuestas. Reclamos de la sociedad civil ante el Panel de Inspección del Banco Mundial*. Buenos Aires: Siglo XXI, 2005.

DARLING-HAMMOND, L. Accountability for professional practice. *Teachers College Record*, v. 91, n. 1, p. 59-79, 1989.

_____. Standards, accountability, and school reform. *Teacher College Records*, v. 106, n. 6, p. 1047-1085, 2004.

DIMMOCK, C.; HATTIE, J. Accountability in changing school systems. In: CHAPMAN, J. D.; DUNSTAN, J. F. (Orgs.). *Democracy and bureaucracy*: tensions in public schooling. Hampshire: The Falmer Press, 1990. p. 155-173.

FERNANDES, D. *Percursos e desafios da avaliação contemporânea*. Lisboa: Faculdade de Psicologia e de Ciências da Educação [Provas de Agregação, Lição de Síntese], 2007.

HOFFER, T. B. Accountability in education. In: HALLINAN, M. T. (Org.). *Handbook of the sociology of education*. New York: Kluwer Academic/Plenum Publishers, 2000. p. 529-543.

KOGAN, M. *Education accountability*: an analytic overview. London: Hutchinson, 1986.

LINDBERG, S. I. Byzantine complexity. Making sense of accountability. Committee on concepts and methods. *Working Paper Series*, n. 28, 2009. Disponível em: <http://www.concepts-methods.org>. Acesso em: mar. 2009.

MARTINS, M. F. *Gerencialismo e quase-mercado educacional*: a ação organizacional numa escola secundária em época de transição. Tese (Doutorado). Braga: Universidade do Minho, 2009.

MELO, Mª. B. P. Educação e *mass media* na modernidade: efeitos do *ranking* escolar em análise. In: VIEIRA, M. M. (Org.). *Escola, jovens e media*. Lisboa: ICS, 2007. p. 67-94.

_____. *Os professores do ensino secundário e os rankings escolares*: reflexos da reflexividade mediatizada: Vila Nova de Gaia: Fundação Manuel Leão, 2009.

MOTA, A. C. Y. H. A. *Accountability no Brasil*: os cidadãos e seus meios institucionais de controle dos representantes. Tese (Doutorado em Ciência Política) — Universidade de São Paulo. São Paulo, 2006. Disponível em: <http://www.teses.usp.br/teses/disponiveis/8/8131/tde-25052007-141025>. Acesso em: mar. 2009.

MULGAN, R. "Accountability": an ever-expanding concept? *Public Administration*, v. 78, n. 3, p. 555-573, 2000.

RANSON, S. Public accountability in the age of neo-liberal governance. *Journal of Education Policy*, v. 18, n. 5, p. 459-480, 2003.

SCHEDLER, A. Conceptualizing accountability. In: SCHEDLER, A. et al. (Eds.). *The self-restraining state. power and accountability in new democracies*. London: Lynne Reinner Pub, 1999. p. 13-28.

WILLIS, D. Educational assessment and accountability: a New Zealand case study. *Journal of Education Policy*, v. 7, n. 2, p. 205-221, 1992.

Sobre os Autores

MARIA TERESA ESTEBAN
Doutora em Filosofia e Ciências da Educação pela Universidade de Santiago de Compostela, com pós-doutorado na Unam e na Universidade do Minho, professora da Faculdade de Educação e do Programa de Pós-Graduação em Educação — Mestrado e Doutorado — da Universidade Federal Fluminense, pesquisadora do CNPq e do Grupalfa. Vem atuando nas seguintes áreas: Avaliação, Cotidiano Escolar, Fracasso Escolar, Formação Docente e Alfabetização. Organizadora do livro *Escola, currículo e avaliação*. 3. ed. São Paulo: Cortez, 2008.
mtesteban@uol.com.br

ALMERINDO JANELA AFONSO
Sociólogo e Doutor em Sociologia da Educação, diretor-adjunto do Departamento de Ciências Sociais da Educação, da Universidade do Minho (Portugal), pesquisador do Centro de Investigação em Educação (CIED), docente de Políticas Educativas; Sociologia do Currículo e da Avaliação; Avaliação de Políticas de Educação e Formação; e Políticas e Problemáticas Contemporâneas em Educação para a Saúde. Autor do livro *Avaliação educacional*: regulação e emancipação. 4. ed. São Paulo: Cortez, 2009.
ajafonso@ie.uminho.pt

CARLOS EDUARDO FERRAÇO
Doutor em Educação pela USP e pós-doutorado pela Uerj, professor do PPGE/CE/UFES atuando na linha de pesquisa "Cultura, currículo e for-

mação de educadores", pesquisador do CPNq e coordenador do grupo de pesquisa "Currículos, cotidianos, culturas e redes de conhecimentos". Organizador do livro *Cotidiano escolar, formação de professores(as) e currículo*. 2. ed. São Paulo: Cortez, 2007.

ferraco@uol.com.br

CARMEN SANCHES SAMPAIO

Doutora em Educação pela Universidade Estadual de Campinas, professora da Escola de Educação da Universidade Federal do Estado do Rio de Janeiro (UniRio), pesquisadora do Grupalfa e coordenadora do Núcleo de Estudos e Pesquisa: Práticas Educativas e Cotidiano (Neppec/UniRio). Atualmente coordena a pesquisa: Fórum de Alfabetização, Leitura e Escrita (Fale/UniRio). Tem experiência na área de Educação, com ênfase em Alfabetização, atuando nos seguintes temas: Cotidiano Escolar, Alfabetizacão, Educação Infantil e Formação da Professora Alfabetizadora. É autora do livro: *Alfabetização e formação de professores*: aprendi a ler [...] quando eu misturei todas aquelas letras ali... Rio de Janeiro: WAK.

carmensanches.unirio@gmail.com/www.neppec.com.

DOMINGOS FERNANDES

Doutor em Educação Matemática pela Texas A&M University, professor associado com Agregação no Instituto de Educação da Universidade de Lisboa. Investigador na Unidade de Investigação e Desenvolvimento em Ciências da Educação (UI&DCE) da Universidade de Lisboa onde é responsável pela área da avaliação. Tem atuado nas seguintes áreas de investigação, intervenção e de ensino: Avaliação para as Aprendizagens; Avaliação para as Aprendizagens e Políticas Educativas; Avaliação de Projetos e de Programas Educacionais; Avaliação e Autoavaliação de Escolas; Avaliação do Desempenho Docente; Teoria da Avaliação. Autor do livro *Avaliar para aprender*: fundamentos, práticas e políticas. São Paulo: Editora Unesp, 2008.

dfernandes@ie.ul.pt

FÁTIMA ANTUNES

Doutora em Educação do Instituto de Educação da Universidade do Minho, membro do Centro de Investigação em Educação da mesma instituição. Leciona disciplinas nas áreas da Sociologia da Educação e das Políticas Educativas; Globalização e Educação de Adultos: Dimensões Europeias. Autora do livro *Nova ordem educacional, espaço europeu de educação e aprendizagem ao longo da vida*: actores, processos e instituições. subsídios para debate. Coimbra: Almedina, 2008.
fantunes@ie.uminho.pt

VIRGÍNIO SÁ

Doutor em Educação pela Universidade do Minho, membro da comissão diretiva do Centro de Investigação em Educação (Cied), coordenador da linha de investigação "Instituições, organizações e contextos educativos: políticas, racionalidades e práticas". Leciona diversas disciplinas em mestrados na área da Educação, nomeadamente Administração Educacional e Avaliação Institucional. Autor do livro *A participação dos pais na escola pública portuguesa*: uma abordagem sociológica e organizacional. Braga: Universidade do Minho, 2004.
virsa@ie.uminho.pt